SOMMAIRE

Je dédie ce livre à tous mes professeurs de français
du lycée Pierre de Fermat de Toulouse:
MM. Hémous, Carassus, Tariol, Orsini et Pariente qui,
chacun à leur manière, m'ont initié,
au fil des ans, au travail intellectuel.
A M. André Conquet, ancien directeur des enseignements
de la Chambre de Commerce de Paris,
qui, le premier, m'a encouragé à écrire.
Et à ma femme Catherine,
à qui j'ai volé du temps pour pouvoir écrire.

«Des connaissances que nous acquérons aujourd'hui, un grand nombre seront caduques d'ici à cinq ans: à l'inverse beaucoup de réalités dont nous n'avons encore jamais entendu parler seront importantes dans cinq ou dix ans. Si donc je vous enseigne des notions qui passent pour pertinentes aujourd'hui, je propage des idées déjà dépassées. En revanche, si je vous apprends à travailler, à aborder les questions comme il convient, à oser penser par vous-même, à frotter vos idées à celles d'autrui, à examiner un problème sous tous ses aspects, quelle que soit la matière dont je me serve pour vous inculquer ces qualités fondamentales de l'esprit et de l'intelligence, je vous fais acquérir un savoir qui vous servira longtemps, car ces qualités ne perdront jamais leur valeur. L'affaire est importante. C'est la vie entière qui est en jeu.»

Pr Jacob Neuener,
How to Grade Your Professors

PETIT TEST

FAITES LE POINT PRÉALABLE DE VOS CONNAISSANCES

Ce petit « test », sans prétention, vise à mieux prendre conscience de vos connaissances en matière de prise de notes.
Au crayon, pour chaque proposition, vous devez répondre par « oui » ou par « non », selon que vous pensez qu'elle est plutôt vraie ou plutôt fausse.
Ne répondez « ne sait pas » que si vous ne pouvez faire autrement.

	Oui	Non	Nsp
1. La prise de notes est une technique simple qui s'apprend naturellement par la pratique.			
2. Pour bien noter, il faut noter le maximum de ce que dit celui qui parle.			
3. Pour bien noter, il faut toujours noter par phrases *entières.*			
4. Pour bien noter, il faut transcrire à la suite, fidèlement, les phrases de celui qui parle.			
5. Noter des mots isolés ne sert à rien : on ne retrouverait plus le sens.			
6. Le seul but de la prise de notes c'est de conserver une trace contre l'oubli.			
7. Il ne sert pas à grand-chose de noter en lisant un texte écrit si l'on peut le conserver et le consulter par la suite.			
8. Bien noter consiste à noter objectivement les paroles des autres, sans faire intervenir ses réflexions personnelles.			
9. Il vaut mieux noter des mots que des dessins ou des schémas.			
10. Il vaut mieux prendre d'abord des notes au crayon et les recopier par la suite : c'est plus propre.			
11. Pour mémoriser ses notes, il suffit de bien les relire dans l'ordre.			
12. Le meilleur support de prise de notes est le *cahier :* avec lui on est sûr de s'y retrouver et de ne rien perdre.			

	Oui	Non	Nsp
13. C'est toujours dangereux de prendre des notes sur des feuilles volantes car on pourrait les égarer.			
14. Ce n'est pas pratique de prendre des notes sur des fiches car on risque de les mélanger.			
15. Il ne faut pas écrire sur les livres : cela les abîme.			
16. C'est plutôt dangereux d'abréger les mots en notant : on risque de ne plus se comprendre en relisant.			
17. En classe, c'est mieux quand le professeur dicte : au moins on est sûr de bien noter.			
18. C'est dangereux de noter à des endroits distants sur une même page : on ne retrouverait plus l'ordre initial en se relisant.			
19. Pour prendre la parole en public, le mieux c'est de lire intégralement le texte qu'on a préparé.			
20. Pour bien lire, il faut prononcer mentalement chaque mot et ne sauter aucun mot.			
21. Pour résumer fidèlement un auteur, il faut prélever dans son discours, ou son texte, les phrases les plus importantes et les placer à la suite, dans le même ordre.			
22. Pour faire un bon commentaire de texte, il faut reprendre, dans l'ordre, en l'expliquant, ce que déclare l'auteur.			
23. Pour bien comprendre une œuvre littéraire, il faut la lire sans aucun a priori, en se plaçant dans la peau du lecteur auquel elle est destinée.			
24. Si l'on doit écrire un texte, il ne faut pas noter les idées des autres, car, alors, on se laisserait influencer et ce ne serait plus un texte vraiment personnel.			
25. Bien noter c'est, avant tout, noter des faits et des chiffres précis.			
TOTAL :	—	—	—

Notez 1 point chaque fois que vous avez répondu « oui », faites le total et consultez la solution p. 8.

SOLUTION DU «TEST»

FAITES LE POINT PRÉALABLE DE VOS CONNAISSANCES

Cher lecteur, pardonnez-moi de vous avoir tendu ce petit piège: toutes les propositions citées ne sont qu'un ramassis de «lieux communs» que l'on entend ici et là sur la prise de notes, dans la bouche de personnes qui n'ont visiblement pas bien réfléchi à la question.

Donc, à mon avis, il fallait répondre partout «non»; car ces jugements sont en tout, ou en partie, erronés. Bien entendu, comme tous jugements, ils peuvent contenir quelques parcelles de vérité, mais ce livre vous montrera, je l'espère, à quel point ce genre de «certitudes» est un obstacle à tout progrès vers un élargissement des techniques de prise de notes.

— Si donc, vous avez plus de 15 points, réjouissez-vous! Vous allez, je l'espère, apprendre beaucoup en lisant ce livre; mais cela demandera une remise en cause de vos habitudes...

— Si vous avez entre 15 et 5 points, vous êtes dans une position moyenne: faites bien attention aux chapitres du livre qui concernent ces réponses erronées.

— Si vous avez moins de 5 points, bravo! Vous êtes déjà un champion de la prise de notes. Mais comme tous les champions vous voulez vous améliorer. Ce livre va vous en donner l'occasion. Exercez-vous surtout à pratiquer les techniques que vous connaissez peu ou mal. Elles enrichiront vos connaissances.

A tous: notez vos réponses à ce test et revoyez-les quand vous aurez fini d'assimiler ce livre pour voir si vous avez changé d'avis.

INTRODUCTION

La prise de notes: au centre du travail intellectuel

J'en fus le premier surpris: quand, pour écrire ce livre, j'ai essayé de comptabiliser le temps que les gens passent à prendre des notes, j'ai découvert qu'il était bien plus considérable que je n'aurais cru... C'est évident pour le lycéen, ou l'étudiant, qui passe souvent près de 6 heures par jour à prendre en note les cours de ses professeurs. Mais c'est vrai aussi dans la vie professionnelle où noter *accompagne la plupart des activités:* téléphone, courrier, réunions, entretiens, réflexions pour l'action, rédaction de documents...

Ainsi, si la secrétaire, le cadre, l'ingénieur, ne sont pas amenés à rédiger tous les jours, ils notent absolument tous les jours. Et cela, quelle que soit leur profession ou leur position hiérarchique.

Pourquoi ce livre

Responsable de formation en expression écrite, dans une grande entreprise française, j'avais reçu plusieurs fois cette demande de la part de stagiaires: «Certes apprendre à mieux écrire est utile, mais — à la base — il faudrait apprendre à mieux prendre des notes.»

En réfléchissant comment satisfaire leur demande, je m'aperçus que je n'avais moi-même jamais reçu un enseignement raisonné, général et spécifique sur la prise de notes. Comme tant d'autres, c'est une activité que j'ai apprise, chemin faisant, sur le tas, depuis le lycée; que j'ai empiriquement améliorée et élargie au fil des ans, de l'université à la vie professionnelle...

On me signala un petit livre: celui de Cl. Dartois, et un mémento: celui de M.-J. Couchaere...

Premier bilan: la prise de notes constitue, du point de vue du temps qui lui est consacré, l'activité d'écriture la plus importante des élèves, des étudiants et des cadres; et pourtant elle ne fait l'objet d'aucun ouvrage de fond.

FIGURE 1 : LA PRISE DE NOTES : UNE ACTIVITÉ CENTRALE ENTRE LES 6 TECHNIQUES DE BASE DU TRAVAIL INTELLECTUEL

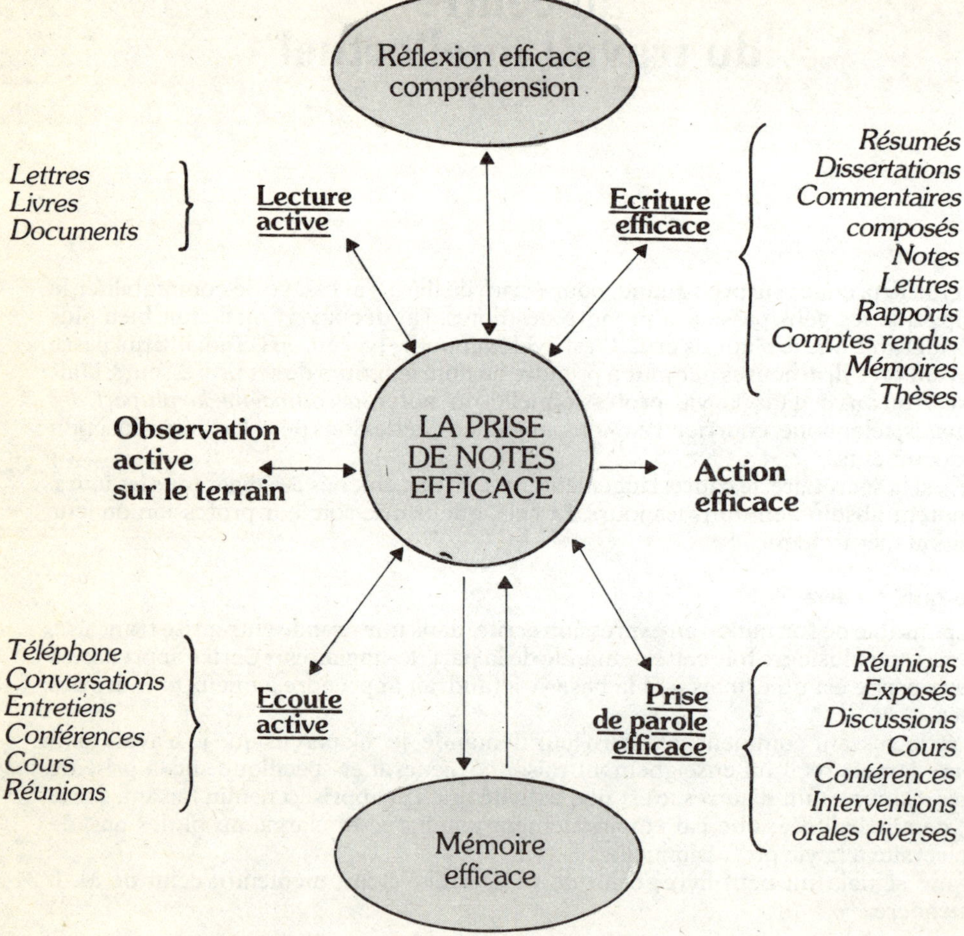

Une activité marginale ou centrale?

C'est alors que j'ai compris la raison profonde de ce paradoxe.
Pour cela, décomposons le travail intellectuel en 6 techniques de base:
— Ecouter et parler.
— Lire et écrire.
— Réfléchir et mémoriser.
Pour être complet, ajoutons-y: observer et agir.
La prise de notes intervient comme *auxiliaire* de chacune d'elle. C'est pourquoi elle n'est traitée, en théorie comme en pratique, *qu'à propos* de ces techniques, mais presque jamais en tant que telle. Ou alors elle se réduit à presque rien: d'où la minceur de ces livres.
Le tableau de la figure 1 résume la situation. C'est lui qui m'a servi de boussole pour écrire ce livre: en plaçant la prise de notes en position centrale — et débordant sur ces autres activités — je pouvais, en effet, réaliser d'une pierre deux coups:
— d'une part, fournir une théorie générale de la prise de notes, enfin éclairée par les découvertes les plus récentes de la neuropsychologie;
— d'autre part, réaliser — par le concept central de prise de notes — une *synthèse* théorique et pratique entre ces 6 techniques du travail intellectuel qui sont presque toujours traitées séparément, tant dans les livres que dans l'enseignement ou la formation.

Comment utiliser ce livre en autoformation ou formation

Ainsi, ce livre peut être utilisé de deux manières complémentaires au cours d'un cycle de formation au travail intellectuel et aux techniques d'expression-communication.
— *Comme point de départ:* il constituera une synthèse d'approche qui introduira à une étude approfondie des 6 techniques citées dans la figure 1.
— *Comme point d'arrivée:* il constituera alors la synthèse finale qui récapitulera et verrouillera les connaissances apprises dans l'étude de ces 6 techniques.
Le premier cas sera surtout, sans doute, celui de l'enfant, de l'adolescent, ou de l'adulte en retard de formation. Le second, celui de l'étudiant ou du cadre possédant déjà de bonnes bases, mais qui éprouve, à un certain moment, le besoin de rafraîchir et de synthétiser ses connaissances pour devenir plus performant.

Devenir plus libres

«Rien de plus dangereux qu'une idée, si c'est la seule», écrivait le philosophe Alain. Plus près de nous, le psychologue Abraham Maslow a coutume de dire: «Si pour tout équipement vous n'avez qu'un marteau, vous aurez tendance à considérer toute chose comme un clou.» D'où la formule qu'on pourrait appliquer à la prise de notes: «Si tu ne possèdes qu'un seul programme mental, tu es un *robot.* Si tu en as deux, tu es un *coincé.* Si tu en a plus de trois, tu commences à devenir *libre.*» Trop de personnes notent toujours de la même manière.

Votre but doit être d'acquérir de nouvelles libertés en matière de prise de notes: en choisissant, parmi plusieurs techniques, celle qui sera la mieux adaptée à chaque situation; en remplaçant le «marteau» par une «trousse à outils».
Sauf pour les deux premiers chapitres à lire d'abord, j'ai pratiqué des renvois de chapitre à chapitre, de manière que celui qui lit les chapitres suivants selon un autre ordre, puisse le faire facilement: chacun d'eux est suffisamment autonome pour faire l'objet d'une lecture sélective.
D'une certaine façon, j'ai le pressentiment que ce livre apportera peut-être pas mal d'idées à beaucoup de gens, de tous âges et de toutes conditions. C'est là le paradoxe central de la prise de notes: jamais reconnue, bien que partout présente, il suffit de la mettre en lumière pour qu'elle rayonne aussitôt très loin, sur toutes les autres activités intellectuelles. Bonne lecture!

Une suggestion d'exercice pour assimiler ce livre

Vous le savez: il ne suffit pas de parcourir un livre du bout des yeux pour l'assimiler; et encore moins pour intégrer l'information ainsi reçue dans votre pratique quotidienne.
Si donc vous voulez améliorer réellement votre prise de notes, voici l'exercice que je vous conseille. Lisez ce livre le crayon à la main en cochant, soulignant, annotant, ce qui vous paraît important. Ne dépassez pas le volume d'un chapitre par jour, et révisez vos notes avant de reprendre votre lecture.
Ou alors, si vous ne voulez pas «abîmer» ce livre, voici une autre façon d'opérer: prenez des notes sur des feuilles à part. Commencez à noter de la manière dont vous avez l'habitude. Mais, à chaque fois que vous allez découvrir une nouvelle technique de prise de notes, *adoptez-la immédiatement* pour l'expérimenter «en marche». Ainsi, quand vous aurez fini ce livre, vous aurez le bénéfice d'un entraînement équivalent à un stage de 5 jours environ sur la pratique de la prise de notes. Alors vous ne regretterez certainement pas cet effort de prise de notes au service de la *lecture active* et de la mémorisation.

PREMIÈRE PARTIE

POURQUOI ET COMMENT NOTER : PRINCIPES GÉNÉRAUX

Noter: une trace en fonction d'un but

La double nature du texte écrit et le double fonctionnement cérébral

Le rôle du support et de l'instrument dans la prise de notes

La technique des abréviations
7 méthodes de prises notes
L'art de la mémoire efficace

CHAPITRE I

Pourquoi noter quoi : une trace en fonction d'un but

Il n'y a pas de vent favorable pour celui qui ne sait pas le port où se diriger. (Pline)

Rien de plus courant que la prise de notes ; rien de plus utile ; rien pourtant de moins enseigné systématiquement...

Pourquoi prendre des notes ? *Comment* les prendre ? Telles sont les deux questions clés qui commandent toutes les autres.

Rien de plus faux, cependant, que de croire que ces deux questions soient séparées. Elles sont au contraire intimement liées, car elles ne sont que l'endroit et l'envers d'une même question fondamentale : *à quoi ces notes doivent servir* ?

Ainsi ce premier chapitre vise à poser les questions les plus fondamentales et à y fournir des réponses de principe. Réponses qui seront détaillées dans les chapitres suivants, sous forme de techniques précises et d'exercices pratiques.

Pour noter : en fonction d'un but

Les 4 sources de la prise de notes

Quand on parle de prise de notes, la plupart des gens évoquent immédiatement une source orale. La raison paraît évidente : « Les paroles s'envolent, les écrits restent. » Noter n'est-ce pas avant tout *trace garder* ?

Ce point de vue spontané n'est pas faux ; mais il me semble très incomplet. Une simple réflexion nous montre, en effet, que les notes peuvent provenir, non pas d'une, mais de 4 sources différentes :

— Noter à partir de l'oral (cours, conférences, réunions).
— Noter à partir de sa propre source mentale (mémoire, réflexion).
— Noter à partir d'une observation directe de la réalité.
— Noter à partir d'un écrit (livre, document...).

Certes, les trois premières notations ont des buts semblables : lutter contre l'oubli en

gardant trace d'un certain nombre d'informations périssables. Et c'est vrai aussi, parfois, pour la dernière de ces sources: l'écrit, dans le cas où il s'agit d'un document que nous ne pouvons, ou ne voulons pas, conserver.
Reste que cette dernière prise de notes peut avoir souvent, aussi, le but inverse: *oublier.*
Je veux dire par là que, face à une énorme masse de détails que contient, par exemple, un livre ou un gros document, nous pouvons très bien ne noter *que* quelques idées utiles, de manière à pouvoir oublier allègrement le reste...
Ainsi, selon le cas, la prise de notes pourra viser deux buts opposés: ou retenir le maximum, ou oublier le maximum. De fait, ils sont largement complémentaires dans la mesure où ces deux opérations s'effectuent ensemble dans notre cerveau: pas de mémoire sans tri et sans oubli (comme nous le verrons au chapitre 6).

Une expérience fascinante

Voici une expérience assez facile à réaliser et qui marche à tous les coups. Elle montre à quel point un but clair et bien défini est essentiel à la prise de notes et à la mémorisation. Et cela *quel que soit par ailleurs ce but.*
Le professeur ou l'animateur divise sa classe en deux groupes égaux d'élèves de même niveau, qu'il réunit séparément.
— Au premier groupe (qui est le groupe-témoin), il déclare simplement qu'une interrogation écrite aura lieu après le cours pour vérifier les connaissances acquises.
— Au second groupe, il dit la même chose: mais il ajoute que les élèves doivent particulièrement se concentrer, dans leur écoute et prise de notes, sur 2 ou 3 points clés «importants» qu'il énumère.
La fin du cours arrive et le professeur donne le sujet de l'interrogation écrite.
Stupeur et indignation dans les rangs du second groupe: le sujet proposé ne fait pas partie des 2 ou 3 sujets considérés comme «importants»! Ces élèves s'estiment lésés par rapport à ceux qui ont reçu la consigne de «tout prendre»! Ils accusent le professeur de leur avoir tendu un piège! Mais ce dernier reste de marbre et maintient l'interrogation...
Nouvelle stupeur à la remise des copies! Les élèves du second groupe obtiennent des notes *meilleures* que celles du premier! Et cela de manière très significative: on trouve facilement de 2 à 5 points d'écart entre les deux moyennes!
C'est alors que le professeur dévoile le sens de l'expérience. Le premier groupe qui croyait, de bonne foi, «tout» noter, n'a fait qu'une prise de notes passive et assez médiocre. Car il notait pour noter, sans but bien

défini. Le second groupe, qui écoutait et notait en fonction d'objectifs bien définis, a réalisé un bien meilleur travail. Non seulement il avait mieux assimilé les 2 ou 3 points clés en question, ce qui est normal; mais encore, dans la foulée, *tout le reste du cours!* Ceci est paradoxal mais, à la réflexion, ne devrait pas étonner, quand on sait comment l'esprit travaille; quand on sait les vertus de l'attention et de la concentration. Vouloir «tout» écouter, c'est ne rien écouter. Vouloir «tout prendre», c'est ne rien prendre. De fait, c'est pratiquer une prise de notes mécanique, dans laquelle l'esprit se laisse porter par le courant de la parole comme bouchon au fil de l'eau...
A l'inverse, pratiquer une écoute et une prise de notes sélective, c'est maintenir l'esprit en alerte; c'est l'obliger à travailler en triant en permanence entre les informations qui arrivent, exercice qui facilite l'assimilation de l'information nouvelle.
Parlant du travail intellectuel, Paul Valéry déclarait aux élèves du lycée Janson-de-Sailly: «Je n'ose vous dire que tout ce qui ne demande aucun effort n'est que temps perdu. Mais il y a quelques atomes de vrai dans cette formule atroce.» (voir p. 122).

Ce qu'assimiler veut dire

Assimiler vient du latin *ad-simile* qui signifie: rendre semblable à soi. Pour bien comprendre ce qu'assimiler implique d'activité positive, faisons l'analogie classique entre la nourriture corporelle et la nourriture spirituelle.
D'abord il est clair que, sauf cas particuliers, je ne peux pas avaler pommes de terre, choux, navets, carottes... tels qu'ils sortent de terre! Il faut leur faire subir une préparation: lavage, épluchage, cuisson, etc. C'est le travail du cuisinier.
Ensuite, c'est loin d'être terminé: entre mon assiette et mon intestin, ces aliments vont subir progressivement un double traitement: mécanique et chimique.
Et fin de parcours, tout ce qui n'est pas assimilable sera rejeté au-dehors...
Il en va de même pour les nourritures de l'esprit. Sans doute un bon pédagogue, orateur ou auteur, semblable à un bon cuisinier, peut nous faciliter la tâche en nous épargnant le travail de préparation, en nous fournissant des nourritures assimilables. Reste que, fondamentalement, il n'y a que *nous* qui puissions incorporer ces éléments étrangers à notre propre corps. Et cela demande un processus d'analyse-synthèse assez considérable: un véritable travail.
La prise de notes, suivie d'une ou de plusieurs mises au point et révisions, constitue très exactement ce travail. Et de même que la digestion comporte une double face, mécanique et chimique, de même la prise de notes présente une double face, matérielle et spirituelle: la trace écrite et le travail de l'esprit qui lui est lié. En révisant ses notes, l'esprit révise son propre travail.

COMPARAISON DE L'ESPRIT A UN CHAMP STRUCTURÉ PAR UN AIMANT

a) PRISE DE NOTES PASSIVE, SANS BUT — *b) PRISE DE NOTES ACTIVE, AVEC BUT*

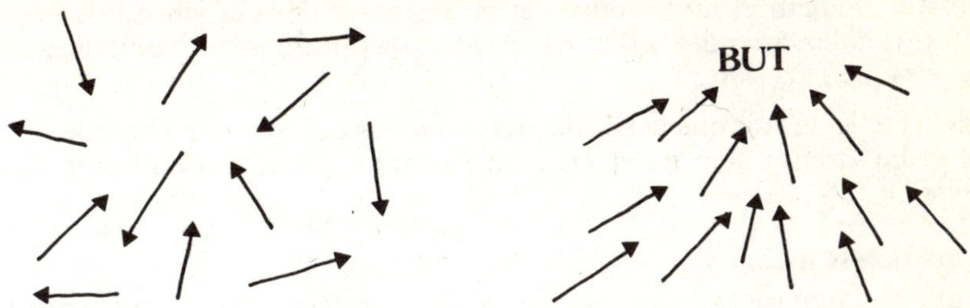

a) Dans la prise de notes passive et sans but les informations s'accumulent mais, faute d'être mentalement reliées entre elles, leur sens apparaît mal et elles seront difficiles à intégrer, à mémoriser.
b) Déterminer un but clair trie et structure l'information reçue: elle sera mieux assimilée et mieux retenue, et pourra être reformulée.

Une raison neurologique

Dans notre esprit, comme dans notre corps, nous ne pouvons pas tout assimiler. Il y a à cela une raison neurologique.
Une personne prononce, en moyenne, 150 mots par minute. Mais elle ne peut en écrire que 20 à 40. Donc, quoi qu'elle fasse, elle ne peut pas matériellement *tout* noter.
Sans doute l'orateur peut ralentir volontairement son débit. Sans doute il existe aussi des procédés d'*abréviation* qui, en réduisant le nombre des signes, permettent de prendre plus de mots. Mais ils ne font, au mieux, que doubler la vitesse d'écriture: environ 60 à 80 mots par minute. Du quart des mots émis, on passe à la moitié: mais on est encore loin des 100 % si l'orateur ne freine pas son débit.

Donc, c'est une illusion de croire qu'on prend «tout». Même avec la meilleure volonté du monde, on ne peut *pas*. Et puisqu'on est bien obligé de trier, autant donc le faire intelligemment! Et pour cela, on est bien obligé d'avoir un critère de tri. Et ce critère, c'est notre *but*.
Quelques exemples courants nous feront mieux comprendre l'importance du but dans la prise de notes.

A l'école, à l'université

Dans les petites classes, le professeur écrit au tableau ou dicte à haute voix. Les élèves copient. Ce n'est souvent que vers la classe de 4e que le professeur décide de «faire un vrai cours», et demande pour la première fois aux élèves de «prendre des notes»... C'est alors que l'on observe souvent deux attitudes opposées. Certains élèves (trop scrupuleux) veulent «tout prendre» et protestent contre la vitesse de la parole du maître: «Attendez, attendez!» D'autres à l'inverse, puisqu'on ne leur dicte plus rien, ne notent presque plus rien...

Il est déjà facile de voir que la bonne prise de notes doit se tenir à mi-chemin entre ce «tout» et ce «rien»: bien noter ce n'est pas tout noter, ni rien noter, mais noter *l'essentiel.*

Ceux qui notent tout...

Ceux qui «notent tout», ceux qui ne veulent «rien perdre», vont, en effet, faire l'expérience d'une double difficulté.

D'une part, sur le moment, ils se livrent à un travail de copiste très pénible. Mais, pensent-ils, ce travail leur sera profitable plus tard: quand ils reliront ces notes, ils ne manqueront rien et seront sûrs de *tout* avoir gardé sur leur cahier...
De fait, ils vont s'apercevoir que ce n'est pas si simple! Compte tenu de la vitesse qu'ils se sont imposés, ils se sont livrés à un travail de copie «mécanique». Ils ont noté des mots en vrac: l'essentiel et l'accessoire. Et comme ce nécessaire travail d'assimilation de l'esprit, ce tri, n'a pas été fait sur le moment, ils devront l'accomplir plus tard s'ils veulent retenir leur leçon. Donc ils n'ont fait que *différer* ce nécessaire travail de l'intelligence. Et certains, même, vont se désespérer devant la longueur des pages qu'ils doivent apprendre... et ne le feront pas... De fait, souvent, c'est pécher contre l'esprit que de vouloir tout remettre à plus tard: plus tard c'est trop souvent jamais...

Si cela est vrai pour un cours ou un discours, c'est aussi vrai pour la prise de notes à partir d'un livre ou d'un document:
«Bien entendu, la prise de notes aide la mémoire mais elle n'est pas sans danger: le plus insidieux étant de repousser la compréhension à plus tard (...). Certains étudiants croient qu'ils retiendront mieux en notant "tout", mais cela conduit trop souvent à un manque de confiance en soi et à la passivité envers les livres. Chaque point particulier, lu dans son contexte, devient si important que l'étudiant se croit obligé de le noter; et de proche en proche, sa prise de notes devient une version abrégée de l'original... Ainsi, le preneur de notes obsessionnel repousse l'acte de compréhension au moment où il relira ses notes. Mais comme elles sont rarement le fruit de la compréhension, elles seront longues et peu fiables. De plus, cette pratique pousse à lire paragraphe par paragraphe, et page par page, ce qui est loin d'être toujours la meilleure méthode de lecture.

Donc les notes doivent résulter de la compréhension et non y préparer.»[1]

Ceux qui ne notent presque rien...

Ceux qui n'ont rien noté, ou presque, faisant confiance à leur seule mémoire auditive de l'instant, vont être encore plus embarrassés que les premiers. Sur le moment, ils ont cru qu'il suffisait «d'écouter» pour retenir... Mais une semaine, ou un mois plus tard, ils vont découvrir, avec effroi, qu'ils n'ont plus qu'un vague souvenir de cette leçon, ou même plus de souvenir du tout!

Pourquoi? Pour la *même* raison fondamentale que pour les premiers. Ils n'ont pas assez médité ce dicton: «Les notes servent, même si on ne s'en sert pas.» Qu'est-ce à dire? Que le plus essentiel dans la prise de notes, ce ne sont pas tellement les notes elles-mêmes, ces traces sur le papier, que le *travail intellectuel* d'assimilation accompli pour les prendre. Ce travail qui consiste à séparer l'essentiel de l'accessoire, pour ne garder que cet essentiel.

Le coup des «anti-sèche»

Vous connaissez les «anti-sèche» des collégiens: ces petits morceaux de papier sur lesquels on note l'essentiel d'un cours, qu'on dissimule dans les manches, et qu'on consulte en cachette le jour de l'examen... Voici une histoire vraie: celle d'un élève qui avait, comme tant d'autres, constitué son petit lot d'anti-sèche. Manque de chance: le jour de l'examen, le professeur, qui se méfiait, le fait mettre au premier rang et le surveille de près: impossible de les utiliser... Première réaction de l'élève: «C'est la catastrophe! je vais avoir une très mauvaise note!» Malgré tout, pour «limiter les dégâts», cet étudiant essaya de se rappeler ce qu'il avait marqué sur les papiers. Et il eut l'agréable surprise de se rendre compte qu'il s'en souvenait parfaitement! Et il fit un excellent devoir!

Est-ce étonnant? Non, si on connaît le fonctionnement cérébral et le processus d'assimilation. Pour pouvoir concentrer le maximum d'informations sur quelques centimètres carrés, l'élève avait dû effectuer un tri sévère, ce qui avait obligé son esprit à un effort de synthèse considérable.

Ainsi, constituer ces «anti-sèche» lui avait permis, sans s'en douter, d'assimiler remarquablement bien. Et, le jour venu, il retrouva ses papiers non plus dans sa manche mais dans son esprit!

1. Leew *Read better, read faster,* éd. de poche Penguin books.

Vous pouvez faire l'expérience: *déchirez* vos notes à la fin d'une séance: il vous en restera quand même beaucoup plus que si vous n'aviez pas pris de notes du tout. Ce fait confirme la primauté du travail de l'esprit dans la prise de notes: l'assimilation. D'accord, direz-vous, une bonne prise de notes consiste à ne retenir que l'essentiel. Mais qu'est-ce que cet essentiel?

Quoi noter: l'essentiel

Quoi noter? La réponse à cette question n'est pas simple: cela dépend des cas. Cela dépend très précisément du *but* de la prise de notes. Et comme ce but n'est souvent pas unique, ni simple, il va exister *plusieurs* manières de prendre des notes, chacune mieux adaptée à un but précis. Voyons une série de cas concrets.

Noter pour mémoriser

Noter pour mémoriser, tel est le but le plus courant de la prise de notes scolaire ou universitaire.
Que cherche, en effet, l'élève ou l'étudiant? Réponse: retenir son cours pour pouvoir l'assimiler d'abord, le restituer ensuite lors d'une interrogation ou d'un devoir.
Ainsi l'apprenant note pour apprendre. Quelques semaines ou quelques mois plus tard, il sera bien content de retrouver ces notes pour pouvoir se les remettre rapidement en mémoire. Si elles sont bien claires, bien nettes, il n'aura pas de mal à les réapprendre. Si, à l'inverse, elles sont confuses ou lacunaires, ce travail deviendra difficile, voire impossible...
Ici, noter l'essentiel va consister à noter d'abord les *concepts clés:* les définitions, les principes généraux qui résument les idées maîtresses: celles dont dépendent les autres. Mais aussi à noter un certain nombre de *détails caractéristiques* qui étofferont la pensée, comme la chair autour de l'os: des exemples, des anecdotes, des noms propres, des dates... Il est, en effet, souvent plus facile de retrouver les principes à travers des anecdotes, des cas concrets, qui frappent l'imagination, plutôt que par une suite d'idées trop abstraites.

Retenir les principes, ou les détails

Ainsi, sur le principe, il semble qu'il faille distinguer deux grands types de prise de notes: celle qui vise à garder en mémoire un certain nombre de détails précis et celle qui vise à dégager les principes essentiels d'une matière complexe et/ou abstraite.
Sans doute, en pratique, ces deux prises de notes peuvent plus ou moins se combiner. Mais je pense qu'il convient, au départ, de bien les distinguer, au moins dans leurs buts assez opposés, sinon contradictoires.

La prise de notes de *détails précis* est très courante dans la vie. Elle vise à garder trace d'un certain nombre de renseignements pratiques très factuels, et directement utiles pour l'action.
— Un coup de fil: je note le nom de la personne, le lieu, la date et l'heure du rendez-vous, plus son numéro de téléphone.
— Un entretien avec un patron, un collaborateur, un client: je note quelques mots clés sur les conséquences à tirer, les actions à accomplir: «Envoyer lettre confirmation commande avant mardi. Voir Durand pour acceptation somme à facturer.»
— Je vais faire des courses au supermarché: je note les divers produits à acheter.
Dans tous les cas, le but est simple et clair: garder *trace* pour mémoriser une action à accomplir sans défaillance ni oubli partiel. Pour cela je note uniquement des détails pratiques, des chiffres précis, pour pouvoir retrouver, au moment utile, cette mémoire de papier (le «pense-bête»).
Mais dans ce domaine, on s'aperçoit vite qu'à noter beaucoup, il faut absolument *tout* noter: «la mémoire s'use si on ne s'en sert pas». Dès qu'on a résolu, par exemple, de décharger sa mémoire de ses rendez-vous, en les notant sur un agenda, il faut noter *tous* ses rendez-vous, sans en oublier un seul. Même le rendez-vous le plus évident ou le plus important risquerait d'être oublié s'il n'était pas noté au même titre que les autres. Si notre cerveau est habitué à tout retrouver sur le papier, il ne fera pas l'effort de retenir. J'ai connu un homme d'affaires qui ne notait rien; c'est-à-dire qui notait tout dans sa tête: «C'est excellent pour conserver sa mémoire que de l'exercer chaque jour», affirmait-il! Mais tout le monde n'a pas la même mémoire.

Prenons le cas inverse: d'un cours, d'une conférence, d'une réunion-discussion. Dans ces cas-là, il semble, au contraire, qu'il soit plus important de noter les *idées générales* que les détails. Le but est, en effet, le contraire du précédent: face à une grande masse de données, d'idées, d'informations diverses, l'important, semble-t-il, est d'arriver à les maîtriser en ne retenant que les idées importantes aux dépens du reste. Ici ce n'est pas, souvent, la précision qui est recherchée en premier, mais plutôt la maîtrise globale de la complexité. A quoi servirait-il, en effet, de collectionner par écrit un grand nombre de chiffres, de faits, de données, de détails divers, si l'on peut probablement les retrouver déjà dans d'autres documents si le besoin s'en fait sentir?
Ici l'important consiste, au contraire, à arriver à «se faire une idée de la question» en la résumant, en la synthétisant en quelques points essentiels.
Bien entendu, on peut prendre *à la fois* les idées et quelques détails significatifs; mais il faut garder à l'esprit que «tout prendre, c'est ne rien prendre».

Je n'ai pas de mémoire...

«Beaucoup de gens se plaignent de leur mémoire, mais personne de son intelligence.» Cette remarque d'un penseur critique l'attitude fréquente qui consiste à faire de la mémoire une activité spécifique du fonctionnement cérébral séparée du raisonnement, de l'intuition, de l'intelligence, de la perception, etc.

La neurologie moderne infirme cette remarque: s'il existe bien des zones du cerveau spécifiquement dédiées à l'audition, à la vue, au goût, à l'odorat, à la motricité, etc., il n'en existe aucune où soit localisée «la mémoire». La mémoire est une propriété générale du cerveau, liée donc à toutes ses autres activités (même si l'émotion et l'activité y jouent un rôle important, comme on verra bientôt).

Ne séparons donc pas mémoire et intelligence: elles vont très souvent de pair. Et la prise de notes favorise les deux ensemble, dans le même travail de l'esprit. Mais il y a des détails qui favorisent plus la mémoire que de grands principes et qui permettent même de les retrouver.

Noter la pensée d'autrui ou la sienne?

Voici une autre distinction fondamentale à garder présente à l'esprit. Faut-il noter fidèlement la pensée d'autrui (l'interlocuteur, l'orateur, l'auteur)? Ou bien noter *ses propres réactions* à cette pensée?
Sur le principe, c'est très différent.
Sans doute, en pratique, on peut faire les deux tour à tour: noter ses propres réactions *en face* de la pensée d'autrui. Mais, faute de pouvoir tout prendre, il faudra bien choisir une *dominante* dans la prise de notes.
Et on conçoit fort bien qu'une prise de notes visant le premier but ne ressemblera pas à celle qui vise le second. La première, ou notation *active*, vise à mieux assimiler une pensée étrangère. La seconde, ou notation *réactive*, vise à mieux prendre conscience et à garder trace de mes propres réactions à cette pensée.
Ce problème de fond sera étudié en détail dans la deuxième partie de ce livre, à propos de la lecture; mais il reste aussi valable, sur le principe, dans le cas de l'oral.

Avoir compris c'est savoir reformuler

«Avoir compris, c'est savoir *refaire*», disait le philosophe Bachelard. Il signifiait par là que la véritable compréhension n'avait qu'un critère sûr: la capacité de refaire.
Il en va ainsi de la prise de notes.
Comprendre vraiment, intégrer vraiment, suppose que nous soyons capables de reformuler l'idée émise avec nos *propres mots*, selon *notre propre visée*.

Voilà pourquoi une prise de notes passive — qui se contente de prendre ici et là quelques bouts de phrases de l'orateur, du professeur ou de l'auteur — ne permet guère une vraie assimilation. Voilà aussi pourquoi la prise de notes *avec reformulation* est à conseiller. Sans doute, pour reformuler, faudra-t-il attendre parfois d'avoir reçu un certain nombre d'informations pour avoir une vue plus complète de la question. Mais, pratiquée sur le champ ou en différé, la reformulation reste une opération essentielle. Mais comment reformuler dans sa propre optique, avec ses propres mots, si l'on ne possède aucun *but*?

Voilà donc l'autre raison essentielle du but dans la prise de notes: pouvoir reformuler.

Donc, face à une parole ou à un texte, toujours bien se poser la question préalable: en quoi cela m'intéresse-t-il? Et donc dans quel but vais-je prendre des notes?

Et il faut distinguer au moins deux grands types d'objectifs:
— *recréer,* reformuler ce discours plus tard, *en tant que tel,* de manière objective;
— *assimiler* de l'information nouvelle pour enrichir ses connaissances, réfléchir sur une question...
Appelons la première prise de notes objective. La seconde prise de notes subjective ou réactive.

A retenir

En conclusion — et en application de ce que nous venons de dire — retenons 4 idées clés, qu'il faudra toujours garder à l'esprit.

1. Ecouter ou lire sans prendre de notes (surtout s'il s'agit de matières nouvelles ou complexes) ne favorise pas l'activité de l'esprit, **donc ni l'assimilation, ni la compréhension, ni la mémoire. C'est parce qu'elles font travailler l'esprit que « les notes servent même si on ne s'en sert pas ». L'esprit se souvient de son travail d'abord.**

2. Bien prendre des notes, c'est toujours se tenir entre le trop **et le** trop peu. **Le trop qui noie l'esprit, et réduit son fonctionnement à une activité mécanique médiocre. Le trop peu, qui ne lui permet guère de fixer son attention. Bien noter, c'est trier: c'est noter** l'essentiel du sens.

3. Bien prendre des notes suppose toujours de se fixer un but **préalable. Ce but est la boussole qui permet à l'esprit de se diriger; donc de trier efficacement. Même si nous les utiliserons plus tard autrement, des notes sans but ne sont pas de bonnes notes.**

4. La prise de notes peut viser en dominante:
- **soit la restitution** objective **et fidèle de ce qui a été vu, lu ou entendu;**
- **soit mes** propres réactions, **à cette perception;**
- **soit, enfin, une certaine proportion des deux.**

TOUT SE RÉSUME PAR CE SCHÉMA

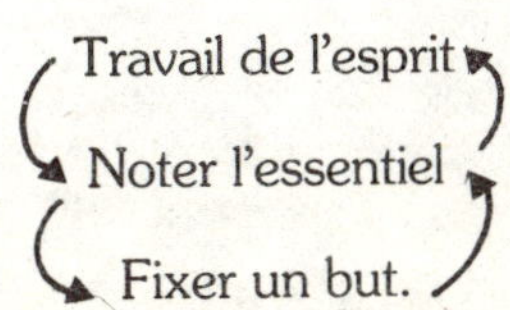

Notez bien que ce schéma est bouclé en retour. J'ai parcouru le trajet des flèches descendantes. Mais si vous avez bien suivi, vous avez déjà compris que ce schéma est aussi vrai dans l'autre sens. C'est *parce que* nous aurons fixé un but que nous pourrons noter l'essentiel en triant intelligemment, et *donc* faire travailler efficacement l'esprit. Le premier trajet est celui de l'explication théorique; le second de l'action pratique.

Mieux observer en groupe

On observe et note mieux quand on s'est donné un but. Soit. Mais n'est-il pas gênant de limiter ainsi son champ d'intérêt, et de laisser passer beaucoup de choses? Réponse: l'attention est forcément sélective et il ne sert à rien de vouloir l'ignorer. Donc quand on est seul, il vaut sans doute mieux refaire plusieurs fois le même parcours en notant sur un seul sujet, que de vouloir tout noter au premier passage.

Mais quand on travaille en groupe, un excellent moyen consiste à se répartir les tâches à l'avance. C'est (m'a-t-on dit) ce que font les délégations japonaises quand elles viennent visiter les usines françaises pour recueillir le maximum d'informations. Chacun a une mission précise: il sait quoi observer et noter. A la fin, tout le groupe se réunit, et la somme des informations réunies devient considérable en qualité et en quantité. Les professeurs astucieux répartissent ainsi les rôles dans la classe avant une visite d'usine, de monument ou de musée, et demandent à chaque élève un compte rendu précis sur ce point limité. L'ensemble des copies est alors bien meilleur que si chaque élève avait écrit une copie «impressionniste» sur ce qui l'a «frappé».

CHAPITRE II

Deux cerveaux pour noter

J'analyse par souci de pureté;
Je synthétise par souci d'intégrité
(saint Augustin)

La prise de notes est directement liée au travail de l'esprit, donc au fonctionnement cérébral. Or, pendant longtemps, il y a eu une coupure entre les sciences humaines et les sciences physiques. D'un côté, les biologistes et les médecins étudiant le côté «matériel» du fonctionnement du cerveau; de l'autre, les psychologues son côté «spirituel». C'était en quelque sorte obligé, dans la mesure où les biologistes ne pouvaient étudier, par dissection, que des cerveaux morts; et les psychologues des personnes vivantes, mais sans pouvoir accéder à l'intérieur du cerveau...
C'est si vrai que le nom de «matière grise» donné à l'écorce cérébrale n'est grise que sur les cadavres, le sang disparu; sur les personnes vivantes, elle est, en réalité, rose!

Naissance de la neuropsychologie

Tout a rapidement changé dans les trente dernières années, avec l'invention de nouveaux appareils qui permettent de «voir» le cerveau vivant en train de fonctionner: l'électro-encéphalogramme, le scanner, la tomographie à émission de positrons, etc. D'où la naissance d'une nouvelle science: la neuropsychologie qui jette un pont entre la neurologie et la psychologie: les sciences de la matière vivante et celles de l'esprit.
Désormais la connaissance du cerveau a fait un bond prodigieux: «En 20 ans nous en avons plus appris qu'au cours des 20 siècles précédents.» Mais ces découvertes capitales sont souvent trop récentes pour être enseignées, et donc connues. Pourtant elles confirment ou périment, selon les cas, bon nombre d'opinions traditionnelles. Et «l'honnête homme» du XXe siècle ne peut plus en faire l'économie sans se déjuger.
Parmi ces découvertes, celle du professeur Roger Sperry de Los Angeles est particulièrement riche d'applications pratiques dans le domaine du travail intellectuel. Ses travaux ont été couronnés par le prix Nobel de médecine en 1981. Il s'agit de la mise en évidence claire de la différence de fonctionnement entre nos deux hémisphères cérébraux: le gauche et le droit. Et ceci mérite un détour.

L'homme asymétrique: droit et gauche

Sur le plan anatomique, le corps humain semble parfaitement symétrique. Si l'on excepte le système digestif, la plupart de nos organes sont doubles ! Même des organes apparemment uniques, comme le cœur ou le cerveau, sont formés de deux parties identiques accolées. Précaution de la Nature ? En partie, oui. On vit moins bien avec un rein ou un poumon que deux, mais on peut vivre.
Mais quand on passe de l'anatomie à la physiologie, cette belle symétrie, souvent, cesse. En fonctionnement, et à un moment donné, l'un des organes devient dominant et *directeur:* il prend le pas sur l'autre et le dirige. Et cette dissymétrie s'établit assez durablement.
Ainsi vous savez que vous avez une main directrice et un œil directeur (celui qui vise). Mais peu de gens savent qu'ils ont aussi une oreille directrice (à vérifier avec un casque stéréo); une narine directrice (passez la main sous le nez: vous sentirez passer plus d'air d'un côté que de l'autre); un pied directeur (par exemple pour taper dans une balle ou pour marcher). De manière générale, il existe des droitiers et des gauchers dominants. Mais rien n'est simple: actuellement, il y a environ 60 % de droitiers affirmés, 10 % de gauchers confirmés, mais 30 % d'ambidextres, c'est-à-dire des gens beaucoup moins latéralisés.

C'est en amont qu'il faut chercher la cause: dans la dissymétrie des hémisphères cérébraux. Dissymétrie fonctionnelle et même souvent anatomique (l'hémisphère gauche, qui commande la partie droite du corps, est souvent un peu plus gros que l'autre au niveau temporal).
Aujourd'hui, nous savons que des maladies telles que la dyslexie, la dysorthographie, le bégaiement, etc., sont dans certains cas liées à des troubles de régulation de nos deux cerveaux.
C'est en faisant passer des tests à des malades dont on avait coupé par opération le corps calleux — ce point qui relie les deux hémisphères en partie supérieure — que Sperry fit d'intéressantes découvertes. Sans doute les deux cerveaux collaborent étroitement dans la gouverne du corps. Mais cette collaboration est d'autant plus efficace qu'elle est spécialisée.
Chez le droitier, l'hémisphère gauche commande le langage, la logique, le raisonnement, le calcul chiffré. Le cerveau droit: l'intuition, l'émotion, le sens artistique, la musique et la reconnaissance des formes (figure 1).
Chez nous, Occidentaux, les facultés du cerveau droit apparaissent ainsi comme les plus «naturelles», les plus «primitives»; celles du cerveau gauche comme plutôt fruit de la civilisation, de l'éducation, de la scolarisation.

FIGURE 1 : DOMINANCES HÉMISPHÉRIQUES (pour un droitier pur)

HÉMISPHERE GAUCHE (côté droit du corps)	HÉMISPHERE DROIT (côté gauche du corps)
ANALYSE	SYNTHÈSE
RAISONNEMENT	ESTHÉTIQUE
LOGIQUE	INTUITION
MATHÉMATIQUES	SENSATION
MOTS	IMAGES
CHIFFRES	MÉTAPHORES
LINÉAIRE	GLOBAL
PROGRESSIF	INSTANTANÉ

ACTIF	RÉCEPTIF
SÉQUENTIEL	SIMULTANÉ
TEMPOREL	SPATIAL
CONTROLÉ	ÉMOTIF
DOMINANT	RÉSERVÉ
QUANTITATIF	QUALITATIF
PRÉFÈRE LES SCIENCES	PRÉFÈRE LES LETTRES
MINUTIEUX	GLOBAL
RÉALISTE	SPIRITUALISTE
CONCEPTS	SYMBOLES
INTELLECTUEL	ARTISTIQUE
VERBAL	MUSICAL
SE SOUVIENT DES NOMS	SE SOUVIENT DES VISAGES

Certes, avant Sperry, les spécialistes connaissaient déjà cette dissymétrie fonctionnelle. Mais ils en déduisaient trop vite, *parce que* le cerveau gauche contrôlait le langage, qu'il gouvernait aussi les activités «nobles» (raisonnement, intelligence) qui lui sont liées. Et ils faisaient de la gaucherie une sorte de maladie...
D'une part, Sperry a bien confirmé — et au-delà — cette différence fonctionnelle entre les deux cerveaux. Mais d'autre part, il a complètement réhabilité l'importance du cerveau droit. Ce n'est pas parce que c'est le cerveau gauche «qui parle», se mettant sans cesse ainsi «en avant», que c'est le plus important dans *toutes* les situations. Bien au contraire, quand il s'agit, par exemple, d'écouter de la musique, de reconnaître un visage ou un itinéraire dans une ville, l'apport du cerveau droit apparaît capital.

Des conséquences capitales

Ainsi, par exemple, à l'école, ce n'est pas parce qu'un élève sait mal *réciter* une leçon de géographie qu'il ne l'a pas comprise. Si le professeur l'invite à l'exprimer par une carte *dessinée* au tableau, cet élève peut très bien étonner la classe par son savoir; savoir exprimé spatialement et non plus verbalement.
Dans ma famille on raconte l'histoire d'un cousin, professeur de maths à Polytechnique qui, *en même temps*, au tableau, écrivait les formules de la main droite et dessinait la figure de géométrie de la main gauche. Cela suppose à la fois une très grande dissociation — et une très bonne coordination — entre les activités des deux cerveaux. Effectivement, ce professeur passait pour particulièrement brillant, et il représente une sorte d'idéal neurologique. Mieux encore, Napoléon pouvait dicter à quatre secrétaires jusqu'à quatre lettres à la fois! Ainsi les «grands cerveaux» sont ceux qui font fonctionner tout le cerveau à la fois, en séparant bien ses activités et en les coordonnant bien.

Que retenir de tout cela?

D'abord qu'il existe deux grands modes d'appréhension du monde et des autres: le mode gauche et le mode droit (très schématiquement résumés dans la figure 1).
Chez l'individu sain et normal, ces deux modes collaborent en permanence; mais, pour une tâche donnée, à un moment donné, l'un des deux cerveaux prend le pas sur l'autre. Si c'est celui qui est fonctionnellement le mieux placé pour le faire qui le fait, tout se passe bien. Si, pour une raison quelconque, c'est l'autre, c'est souvent beaucoup moins bien. Par exemple, on ne peut dessiner avec le cerveau gauche que des figures géométriques; pour le dessin d'art, il faut faire dominer le cerveau droit. C'est ce qu'a montré Betty Edwards dans son livre *Dessiner avec le cerveau droit*, ed. Mardaga.

A un second niveau, si tous les hommes sont différents, c'est, en bonne part, à cause d'un fonctionnement cérébral impliquant des combinaisons de dominances différentes. On dira alors, en langage courant, qu'ils ont des «aptitudes», des «caractères», et même des «formes d'intelligence» différentes (et souvent, hélas, ce «différent» sera traduit par... «inférieur»).

Malgré tout, bien des tâches peuvent être accomplies, soit selon le mode droit dominant, soit selon le mode gauche dominant. Le «style» en sera très différent, mais le résultat final peut être aussi bon dans les deux cas (c'est le cas de la leçon de géographie déjà citée).

A un troisième niveau, plus global, cette prédominance d'un cerveau sur l'autre est aussi valable au niveau des métiers, des groupes sociaux et des civilisations. Par exemple, chez nous, tout sépare l'étudiant des Beaux-Arts du polytechnicien; l'artiste du comptable!
En Occident, tout se passe comme si, depuis la Renaissance, notre civilisation scientifique et technique dérivait sans cesse, en dominance, vers le cerveau gauche.

Une pente dangereuse à gauche

Qu'on en juge par les programmes scolaires. De plus en plus des activités comme le dessin, la musique, les travaux manuels, la gymnastique, le chant, sont considérés comme très secondaires, pour ne pas dire négligeables, par rapport aux matières à dominantes rationnelles et langagières comme les maths, la physique et les sciences en général. Hier, c'était le professeur de français qui était le professeur principal; aujourd'hui, de plus en plus, celui de maths...
Face à cette montée déshumanisante du «cerveau gauche», Sperry a tiré la sonnette d'alarme. Pour développer *toute* la personnalité, et toute l'intelligence, il faut donner une part *égale* aux deux cerveaux. Et non pas en favoriser sans cesse un seul: le gauche. Face à la montée de la spécialisation et des analystes (cerveau gauche), il faut apporter le contrepoids de la synthèse et des généralistes (cerveau droit). Et à l'intérieur même de chaque crâne, il faut développer la symbiose entre nos deux hémisphères. Cela, pour éviter d'être des «hémiplégiques de la pensée»: par exemple, à gauche toute, pendant le travail; à droite toute, pendant les loisirs...

Un bon dialogue entre les deux cerveaux

De fait, ce n'est pas tant le cerveau «ping» en soi, ou le cerveau «pong» en soi, qu'il faut développer, que le cerveau «ping-pong».
Car c'est en «renvoyant la balle» que chaque cerveau assure le mieux son rôle.
Il faut tout à la fois apprendre à chaque cerveau à bien travailler séparément à fond, et aux deux à travailler ensemble. C'est un peu comme jouer au tennis en double: il ne suffit pas que chaque joueur soit bon en lui-même; il faut encore que les deux partenaires aient appris à bien communiquer entre eux pour se répartir les rôles à tout

moment. S'ils se précipitent ensemble pour prendre la balle, ils se gêneront. A l'inverse si l'un ramasse les balles au fond du court, et si l'autre les place en montant au filet, leur efficacité sera maximale: à la fois dans la défensive (cerveau droit) et l'offensive (cerveau gauche).

La double nature de la notation écrite

Cette différence droite-gauche existe au *cœur* même de l'écrit. Elle révèle la double nature — et la double structure — de l'écrit: discours *et* document.
— Si l'écrit était un *discours pur*, il serait totalement séquentiel linéaire. A la limite, ce serait une copie parfaite de la chaîne vocale: une seule phrase, longue de plusieurs kilomètres, tracée toujours avec les mêmes types de caractère, de la même grosseur, sans aucun retour à la ligne, ni mise en page (cerveau gauche).
— Si l'écrit était un *document pur*, il serait totalement spatial, muet, et visuel: une image pure. C'est ce qui se passe quand nous regardons une page écrite en japonais: pour nous, faute de pouvoir la lire, nous la percevons comme un pur dessin. Mais c'est vrai *aussi* pour une page de livre en français, à condition de la voir d'assez loin. La page devient un pur dessin qui combine plus ou moins harmonieusement «le noir des titres, le gris du texte, et le blanc des marges» (cerveau droit).
— *Tout texte réel* est en fait une combinaison des deux procédés; oui, mais dans des proportions qui peuvent être fort différentes! Regardez la double page d'un livre sans aucune illustration, ni intertitre ni retour à la ligne; il vous apparaît comme «un pavé indigeste» qui rebute la lecture. Pourquoi? Vous en savez maintenant la cause neurologique: votre cerveau droit n'est pas satisfait!

En résumé: toute page manuscrite ou imprimée prend un sens par la combinaison de deux procédés *radicalement* différents, en première analyse:
— cerveau gauche: le texte signifie par la manière particulière dont les mots sont placés dans un ordre séquentiel donné.
— cerveau droit: le texte signifie par la manière dont les mots ont un *style* différent: capitales, italique, gras...; par la manière dont les paragraphes sont mis en page: blancs des marges, retours à la ligne, espacements, etc., sans compter d'éventuelles illustrations.
N'utiliser que le premier procédé, c'est se priver de la moitié du pouvoir communicatif du texte. Et pourtant, peu utilisent vraiment à fond leur cerveau droit dans le domaine de la prise de notes, comme on va le voir...
La figure 2 ci-après résume la double face de la chose écrite.

FIGURE 2 : LA DOUBLE FACE DE LA NOTATION ÉCRITE

LE TEMPS travail en ligne	L'ESPACE travail en surface
le texte-discours	**le document-trace**
structure discursive	structure documentaire
C'est l'ordre linéaire des mots qui fait sens.	C'est la forme des caractères perçus et la disposition du texte sur la page qui fait sens.
Le texte est une copie de la chaîne parlée. Il ne saurait renfermer des illustrations visuelles (mais peut évoquer des images visuelles).	Le document est une image analogue à un dessin. Il peut aussi renfermer des illustrations.
SYNTHÈSE	
Ces deux aspects se combinent toujours au moins un peu. Restent des dominantes qui peuvent être très fortes, par exemple comparez :	
un roman un essai	un catalogue un album

Exercices
avec les deux cerveaux

— *Exercice facile:* réciter la table de multiplication par deux.

— *Exercice assez facile:* renverser un balai le manche en bas et le maintenir en équilibre posé sur le bout du doigt de la main directrice (plus difficile: de l'autre main).

— *Exercice très difficile:* tenir le balai en équilibre *tout* en récitant sa table!

Explication: compter fait appel au cerveau gauche (aptitudes numériques); maintenir l'équilibre du balai, au cerveau droit (aptitudes spatiales). Pour réussir, il faut arriver à bien séparer les tâches, tout en les coordinant entre elles. Une solution peut être d'utiliser un même rythme (cerveau limbique): compter en chantonnant et en bougeant le doigt en mesure...

Autre exercice plus facile à réaliser: regarder le visage (ou la photo) d'une personne familière dans un miroir. On a souvent de la peine à le reconnaître car alors les deux côtés sont inversés et ils ne sont jamais totalement symétriques (d'où le «meilleur profil»).

Les 4 cerveaux d'Herrmann

Mais on peut aller plus loin. Ned Herrmann est un ancien directeur de la formation des cadres de la compagnie General Electric. Pour ses besoins pédagogiques, il a commencé par utiliser la grille des 2 cerveaux de Sperry.
Mais, à l'usage, il s'est aperçu qu'elle était trop générale dans certains cas. Aussi il a subdivisé chacun des 2 cerveaux en deux parties: ce qui donne un *modèle* à 4 «cerveaux». Donc un niveau d'analyse plus fin, sans être pour autant trop lourd à manier.
Pour cela il a utilisé la distinction «verticale» système cortical/système limbique que l'on doit au grand neurologue Mac Lean (1950).

Les 3 étages de Mac Lean

Avant Sperry, Mac Lean avait fait une étude approfondie du cerveau humain à partir de ses origines en suivant l'évolution des animaux vertébrés selon leur ordre d'apparition: poissons, reptiles, dinosaures, oiseaux, mammifères, mammifères supérieurs, hommes (figure 3).
Pour résumer sa pensée, on peut utiliser la métaphore suivante. Notre cerveau ne ressemble pas à un bâtiment neuf, mais à un vieux château, progressivement agrandi *et* réaménagé, au cours de millions d'années. Dans les grandes lignes, il a connu 3 stades successifs d'évolution:
— le cerveau *reptilien.* C'est le plus ancien et le plus profond en nous; nous l'avons hérité de l'époque des reptiles. Il correspond au tronc cérébral qui est à la base de notre cerveau actuel. C'est le «pilote automatique» de notre corps, qui gère son bon

fonctionnement organique: respirer, boire, manger, dormir; ainsi que la survie de l'espèce (instinct sexuel). Il gère aussi l'attention sélective et l'agressivité nécessaires à la survie: fuite, lutte;

— au-dessus, le coiffant, le cerveau mammifère ou *système limbique.* Gros comme une petite pomme, il gère essentiellement l'affectivité, la mémoire et donc l'apprentissage. Nous le partageons avec les autres mammifères (rats, singes, chats, chiens...);

— enfin, encore au-dessus, *le système cortical* ou cortex cérébral. C'est lui le responsable des facultés supérieures spécifiques à l'homme: intelligence, raisonnement, créativité, etc.

Bien entendu, ces 3 étages — qu'il est commode de distinguer — ne sont pas séparés: ils sont intégrés les uns dans les autres, et la création d'un étage supérieur a modifié le fonctionnement des étages inférieurs. Comme on redéfinit l'usage des pièces d'une maison après l'avoir agrandie.

FIGURE 3: LES 3 ÉTAGES DU CERVEAU SELON LA THÉORIE DU NEUROLOGUE PAUL D. MAC LEAN (1950).

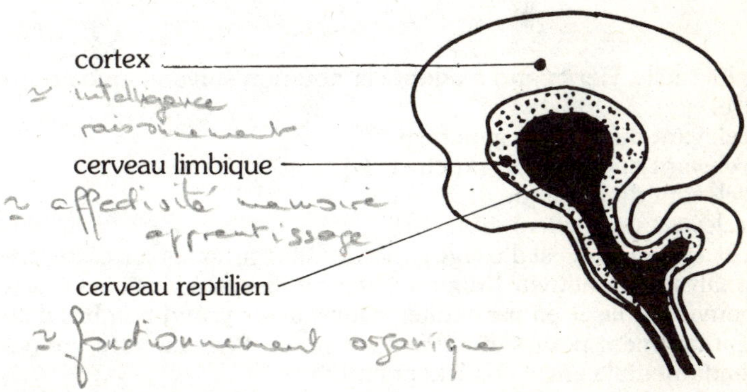

Le cerveau à quatre temps

Pour construire un modèle de fonctionnement cérébral particulièrement adapté à la formation des adultes, Herrmann a considéré que le cerveau reptilien était commun aux 2 hémisphères. En revanche, qu'à partir du système limbique, le cerveau se différenciait plus nettement en facultés droite et gauche, chose encore plus marquée au niveau supérieur du cortex.
D'où le modèle synthétisé par la figure 4 ci-après. Chacun des 4 cerveaux est caractérisé par 5 facultés principales. On peut mémoriser ce modèle d'Herrmann comme un petit bonhomme qui aurait 2 pieds (les 2 limbiques) et 2 mains (le cortical), chacun de ces 4 membres comportant 5 doigts.

FIGURE 4: LE CERVEAU À 4 TEMPS

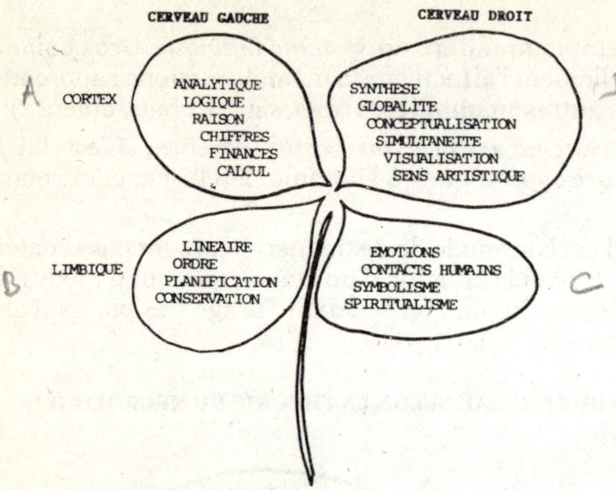

Pour un emploi facile, Herrmann a adopté la notation suivante que nous utiliserons dans cet ordre:

A. activités relevant du cortical gauche (CG);
B. activités relevant du limbique gauche (LG);
C. activités relevant du limbique droit (LD);
D. activités relevant du cortical droit (CD).

Cette grille ABCD de l'esprit est d'usage général dans toutes les sortes de circonstances où il s'agit d'analyser une activité humaine. Et je l'utiliserai à plusieurs reprises dans ce livre. Vous pouvez l'utiliser en particulier pour classer grand nombre d'idées sur un sujet donné, notamment pour synthétiser vos notes. Pour ce faire, rappelez-vous la distinction fondamentale entre cortical et limbique.

— Les activités *corticales* sont les facultés les plus «élevées», les plus abstraites: c'est le monde de «l'intellect» en tant que tel: analyse/synthèse, raisonnement/intuition...

— Les activités *limbiques* sont liées directement aux perceptions sensorielles (vue, audition, goût, odorat, toucher...); aux domaines des *émotions* ressenties comme positives ou négatives (joie, peur, chagrin, tristesse, gaîté...) et des actions.

Cette distinction fondamentale recoupe à peu près celle que font depuis longtemps les philosophes entre les sensations et les idées: le monde du *sensible* et celui de *l'intelligible.*

Bien entendu, à ces 4 quadrants, on n'oubliera pas d'en ajouter un «cinquième», le «cerveau total», qui les rassemble tous dans une synthèse dynamique, particulière à l'individu et à la situation dans laquelle il se trouve à un moment donné.

En conclusion : 4 objectifs de la prise de notes

Appliquée à la prise de notes, la grille d'Herrmann permet de déterminer 4 fonctions ou buts principaux.

Dans le premier chapitre nous avions parlé de prise de notes à dominante objective ou subjective.
Nous avons ici redivisé ces deux domaines en deux parties pour préciser 4 types principaux de prise de notes. Différents à la fois dans leur but et leurs moyens. Nous utiliserons souvent cette typologie par la suite.

Dominante objective	Dominante subjective
A - SAVOIR Noter faits, idées et chiffres précis pour les retrouver avec exactitude **FAITS** *Exemple : prise de notes d'un cours*	D - ESSAYER Noter ses idées, matériaux de base d'une future réflexion, texte, discours ou action **FUTUR** *Exemple : noter des idées en vue d'écrire*
B - SAVOIR-FAIRE Noter les éléments d'un raisonnement ou d'une procédure pour pouvoir les structurer et les parcourir. **STRUCTURE** *Exemple : prise de notes, "pense-bête" sur un agenda*	C - RESSENTIR Noter ses réactions pour les intégrer et réagir... **SENTIMENTS** *Exemple : journal intime.*

A	D
B	C

CHAPITRE III

Sur quoi et avec quoi noter ?

Les mauvais ouvriers ont toujours
de mauvais outils
(Sagesse populaire)

Revenons à la prise de notes. La neuropsychologie va l'éclairer d'un jour nouveau. Riche. Fécond. Passionnant. Bien des choses vont s'expliquer « comme par miracle »...

Deux façons de noter

Passez donc dans les rangs d'une classe (ou d'une réunion d'adultes) et regardez les notes. Pour peu que le thème s'y prête, la différence saute aux yeux. Une majorité de personnes prennent des notes linéaires séquentielles. C'est-à-dire se comportent en parfaits « cerveaux gauches ». Une minorité note sous forme de dessins ou de schémas (cerveau droit). Une dernière partie sous la forme d'un certain mélange des deux (double cerveau).

Même s'il n'y a que du texte, vous verrez les « cerveaux droits » tirer un grand parti de la mise en page et du graphisme : majuscules, couleurs, soulignés, marges, colonnes, texte aéré, etc.

Les cerveaux gauches : très peu. Ils ont peur de « gâcher du papier », comme si le blanc n'était pas indispensable à la signification ! Tout se passe, pour eux, comme si le texte était une suite indéfinie de mots placés à la queue leu leu. De toute façon, tant les habitudes de traduire du verbal linéaire par du verbal linéaire sont enracinées, vous ne verrez personne pratiquer la prise de notes en constellations de mots (voir figure 1 bis p. 65).

Comme s'il était « indigne » de transcrire le sens de phrases complètes et achevées par des mots *isolés* et signifiants par leur *seule* disposition spatiale (cerveau droit) !

Et pourtant — nous le verrons — cette prise de notes peut se révéler bien plus efficace que la première. Mais comme elle n'est pas enseignée, elle n'est pas reconnue comme « sérieuse ». Et dès lors, même des cerveaux à dominante droite, qui seraient tentés de la pratiquer, n'osent pas le faire. Et même dans des domaines où le spatial devrait primer *par nature même*, comme la géographie, c'est toujours l'éternel principe de la linéarité gauche qui domine !

Une bonne raison de l'échec scolaire

Pour lutter contre l'échec scolaire sérieusement, il faut combattre ses causes profondes, c'est-à-dire neurologiques.
C'est ici qu'il faut citer en exemple l'admirable travail du pédagogue anglais Tony Buzan, dans les bas quartiers de Londres, à partir des années cinquante, rapporté dans son livre *Une tête bien faite.*
A l'époque, on ne connaissait pas le concept des deux cerveaux; mais il avait intuitivement compris que l'enseignement traditionnel était beaucoup trop unilatéral. Et qu'il fallait développer tout le *cerveau,* et non pas la moitié...
Il prit un groupe de gosses d'un quartier défavorisé de Londres, en situation d'échec scolaire caractérisé, et quasi rejetés par l'institution scolaire. Il changea totalement le style d'enseignement, notamment en leur apprenant à prendre des notes en configuration de mots. Il les invita à exercer plus encore leurs aptitudes «cerveau droit» en les soulignant, les coloriant, les affichant... Tant et si bien que ces élèves non seulement rattrapèrent leur retard, mais même dépassèrent la moyenne...
Ceci nous concerne tous! Enfants, adolescents, parents, adultes. C'est déjà assez pénible de travailler intellectuellement! Alors par pitié, n'en rajoutons pas en interdisant à l'autre moitié du cerveau de fonctionner! Surtout si c'est elle qui pourrait mieux faire les choses!

En résumé

A la question «fondamentalement, comment bien noter?», je réponds: avec les deux cerveaux. C'est-à-dire, en pratique, en abandonnant souvent la prise de notes purement linéaire, au profit d'une prise de notes qui utilise à plein le caractère spatial de la page. Avec tous les procédés que nous voyons mis en œuvre par la typographie et l'art de la mise en page: couleurs, blancs, marges, soulignés, capitales, dessins, croquis, schémas...
De plus, nous verrons à quel point tous ces procédés favorisent la mémoire.

Mais dès lors, la question connexe: «Sur quoi noter?» prend une importance capitale.

Sur quoi noter ?

Voilà le type de question que «l'intellectuel» n'abordera même pas... tellement elle paraît triviale... De fait, si on vous fait cette réponse, pensez seulement qu'elle indique chez votre interlocuteur un certain sous-développement du cerveau droit...
Bien entendu, en cas d'urgence, noter n'importe où, n'importe comment — sur le premier papier venu, au dos d'une enveloppe, et même sur les manchettes de sa chemise — vaut mieux que rien ! Mais dès qu'on a le choix, il faut savoir tirer parti d'un bon support. Là encore, le but sera notre boussole : il est essentiel de bien se préparer à prendre des notes et ne pas se laisser surprendre.
La nature et le format du support sont un facteur d'autant plus influent sur la prise de notes qu'il est souvent inconscient.
L'arbre de décision ci-après permet de déterminer les grands choix. Il constituera le plan de cet exposé (figure 1).

FIGURE 1 : SUR QUOI PRENDRE DES NOTES ?

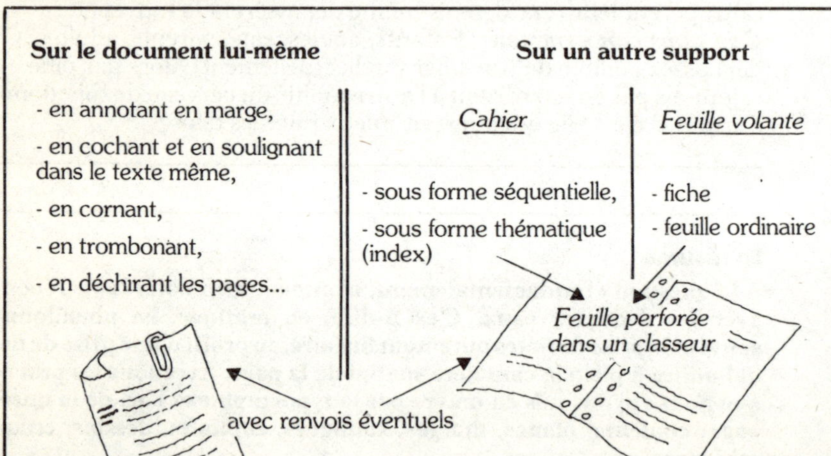

Noter sur le document même

Cette pratique est peu courante et elle témoigne de nos jours de la persistance anormale d'un «respect» déplacé pour le texte imprimé. Respect dont les racines psychologiques, profondes, datent souvent, hélas, de l'école... Souvenez-vous des recommandations de votre professeur : «N'abîmez pas vos livres de classe en "gribouillant" dessus!» Il est vrai qu'il ne faut pas marquer un livre qui ne vous appartient pas. Mais si le livre (ou plus généralement le document) vous appartient,

vous êtes parfaitement libre d'en faire ce que vous voulez... Si peu de gens le font, c'est qu'ils traînent avec eux des interdits qui viennent d'âges révolus, dans lesquels, effectivement, le livre était rare et cher, et l'abîmer un gaspillage «criminel»... Pourtant, noter sur le livre même s'est toujours fait! Et, aujourd'hui, des bibliophiles se disputent à prix d'or des exemplaires uniques de livres annotés par des grands noms de la littérature des siècles derniers... L'annotation intelligente est ici une *valeur ajoutée* au livre (et non pas une valeur retranchée).
Mais, aujourd'hui, il y a plus. Comparé au salaire horaire d'un employé ou d'un cadre, le prix d'achat du livre ou du document ne représente plus qu'une faible partie du coût d'acquisition des informations qu'il renferme...
Plus grave encore, sur le plan intellectuel, ce «respect» irraisonné du texte imprimé contribue à accréditer l'idée de son caractère quasi sacré. Le nombre de personnes qui croient de bonne foi que «c'est vrai parce que je l'ai vu écrit» est encore trop important...

Ainsi, noter sur le texte même de l'auteur, soit pour l'approuver, soit pour le désapprouver ou le questionner, témoigne chez le scripteur d'une maturité et liberté intellectuelle certaine. Liberté qu'on pourra en revanche mettre en doute chez celui qui persiste à considérer le texte imprimé comme «sacré» et «intouchable»... Chez les stagiaires adultes, je rencontre souvent cette attitude et j'essaye de la combattre autant que je peux. Car, intellectuellement, je me demande toujours ce que peut assimiler d'un texte quelqu'un qui ne *repère* même pas certains passages! Le poète Louis Aragon disait en substance: le blanc sur la page est fait pour que le lecteur entremêle ses pensées à celles de l'auteur. *Bien lire, c'est coécrire le texte.* Ce n'est pas le caresser du bout des yeux; c'est le pénétrer profondément. Et même si on ne veut pas marquer le livre, on peut toujours y glisser des marque-pages, repérer certains passages avec des trombones, ou les cocher au crayon léger...
Comme on le verra dans la deuxième partie de ce livre, une bonne lecture — une lecture active et enrichissante — est à ce prix: *entrer* dans le texte. Si on ne le fait pas matériellement, il est difficile de le faire intellectuellement.

Se fabriquer un index personnel

Donc, je vous invite à abandonner tout préjugé vis-à-vis de la prise de notes sur les documents mêmes, y compris les livres.
Une bonne manière de lire activement un livre est de se constituer un index personnel. Tous les livres comportent au début ou à la fin une ou plusieurs pages blanches. Elles peuvent servir à noter des références aux pages internes. Par exemple, voici ce que vous trouverez inscrit sur la première page de mon exemplaire d'un «Que sais-je?»: (figure 2)

FIGURE 2 : PRISE DE NOTES D'UN LIVRE SOUS FORME D'UN INDEX

La créativité de M.-L. Rouquette (éd. PUF, 1973).

9	*origine mot invention*
10	*inspiration*
12	*3 sens de créativité*
14	*5 niveaux de créativité*
14	*artistes — psychologie*
18	*4 phases de Wallas (1926)*
18	*pensée convergente/divergente*
20	*créativité et logique (Boole)*
27	*arbres de Riguet*
34	*pb. bien et mal définis*
77	*la synectique de Gordon*
88	*l'insight — Duncker (1945)*
108	*collèges invisibles de scientifiques*
	etc.

Ainsi cette première prise de notes vise à repérer objectivement les passages du livre que je trouve suffisamment importants pour les «emporter avec moi». Si dans un an je veux retrouver ce passage, je peux le faire sans tout relire. De plus, si je relis ce livre plus tard, je me remettrai vite en mémoire le type de lecture que j'ai effectué la première fois; et cette deuxième lecture consolidera la première au lieu de repartir de zéro.

Enfin, même si je lis au lit, dans l'herbe ou dans un fauteuil, je pourrai plus tard prendre des notes à ma table à partir de cet index: le travail sera préparé. Si je veux, même, je peux déchirer cette page de garde, sans abîmer le livre, pour la glisser dans mes notes personnelles. Cette manière de faire n'est qu'une parmi d'autres, mais je la trouve, à l'usage, particulièrement pratique et souple. Elle ne nécessite pas de gros efforts, mais elle oblige l'esprit à se tenir en éveil par l'interrogation intérieure: «Ce passage mérite-t-il d'être noté?»

Dans le cas où un livre est pour moi un véritable instrument de travail, je n'hésite pas à surligner au marqueur les mots clés, à corner ou tromboner les pages, et même parfois à en arracher: c'est moins coûteux que de recopier de longs passages. Il me serait impossible d'écrire des livres en plus de mon travail professionnel si je ne procédais pas ainsi...

Dernière remarque: cette prise de notes sur le document même est tout à fait indiquée dans le cas où l'orateur vous distribue un document avant un *cours* ou une *conférence.*

Feuilles volantes ou cahier?

Autre préjugé souvent rencontré: la prise de notes associée impérativement au support *cahier.* Ses pratiquants la défendent en accusant les feuilles volantes de s'égarer facilement... Je leur réplique ironiquement qu'on peut tout aussi bien perdre le cahier entier!
De fait, là encore, transparaît la persistance d'une vieille pratique scolaire: le maître exige le cahier pour pouvoir mieux surveiller les élèves! D'où les lourds cartables de ma jeunesse!

Le cahier broché n'est intéressant que si la *chronologie* constitue l'élément essentiel de la prise de notes: c'est le cas du *journal* (cahier annoté au jour le jour) ou de *l'agenda* (carnet destiné, selon son étymologie latine, à noter les «choses à faire»).
Mais dès que cet impératif disparaît, la prise de notes par feuilles ou fiches séparées, paraît supérieure. C'est notamment vrai dans la vie universitaire et professionnelle. Je dois à M. Passeron, assistant de sociologie à la Sorbonne, une initiation à la prise de notes par fiches. Fiches qu'il dictait lui-même à l'occasion, pour initier ses élèves à cette méthode de travail.

Dans les études supérieures, en effet, le professeur n'est plus là pour contrôler les cahiers des étudiants, d'autant plus que le cours n'est qu'une base qui doit être complétée par des lectures, des recherches et du travail personnel. C'est de l'assimilation de *l'ensemble* de ces sources — répartie sur plusieurs mois ou plusieurs années — que devra témoigner l'élève au cours des épreuves orales ou écrites. Epreuves qui portent moins sur le cours de monsieur A., ou monsieur B., ou madame C., en tant que tels — que sur un intitulé général de programme. Bien interrelier intellectuellement ces différents cours et travaux suppose souvent qu'on puisse *d'abord* le faire matériellement. Il en va de même dans la vie: nous y sommes directement jugés sur nos connaissances et nos prises de décision qui résultent d'une synthèse permanente d'informations qui nous viennent par différents canaux écrits ou oraux, ou encore mentaux...

Si donc vous avez un attachement particulier au cahier, prenez-le au moins à *feuilles mobiles;* ce qui vous permettra beaucoup plus de souplesse dans votre travail.
Vous pourrez en effet pratiquer, en permanence, les 4 opérations structurales suivantes:
— *plus:* ajouter une feuille nouvelle à n'importe quel endroit et moment;
— *moins:* ôter une feuille à n'importe quel endroit, soit pour la détruire, soit pour la refaire;
— *moins et plus:* changer une page périmée contre une nouvelle;

— *ni plus, ni moins:* déplacer une page existante à un nouvel endroit, plus approprié, en fonction de votre but nouveau.

C'est particulièrement important si les notes que vous prenez sont destinées à *composer des textes originaux.* Pour composer, pour créer, il faut se détacher de l'ordre originel des textes sources pour créer son ordre propre. On le fera difficilement sur le plan intellectuel si on ne peut pas le faire d'abord sur le plan matériel: interclasser ses notes, c'est réaliser le futur plan de notre écrit. Et dans ce cas, la pratique du cahier est un frein terrible à la créativité.
Pour créer, il est conseillé de noter sur des feuilles séparées, et au recto seulement, pour pouvoir constituer matériellement le brouillon de notre futur écrit. Et cela, que ces notes proviennent de sources écrites, orales, mentales, ou encore d'une observation directe de la réalité.

Le travail par fiches

Les fiches cartonnées de petite taille ont beaucoup d'avantages.
— On les tient bien d'une seule main, même sans table.
— On peut les classer et les déclasser à volonté dans des bacs appropriés (si vous êtes pauvres, prenez des boîtes à chaussures).
— On peut en prélever certaines, les emporter, les utiliser, les replacer; et cela indéfiniment...
— Leur petite surface est une contrainte qui nous oblige à ne noter *que* l'essentiel (et c'est très important).
De fait, le travail par fiche est à recommander dans le cas de la rédaction d'une thèse, d'un mémoire, d'un ouvrage quelconque [1]. Ce travail est le seul efficace si vous devez replacer dans le texte de nombreuses citations et fournir une bibliographie abondante.

En résumé, l'usage du cahier n'est intéressant que si le travail est dominé par le concept d'ordre chronologique. Dans les autres cas, la prise de notes par feuilles séparées, ou fiches, s'impose en raison de sa souplesse. Cette pratique est recommandée pour créer de nouveaux textes.
Dans tous les cas, on sera généreux avec le papier: il coûte moins cher que notre temps de travail: à chaque travail nouveau, papier nouveau.

1. Voir L. Timbal-Duclaux, *La méthode SPRI,* Paris, Retz, 1983, chapitre 14.

Crayon, stylo ou marqueur?

Avec quoi noter? Cette question n'est pas, non plus, futile. J'ai remarqué que beaucoup de gens notent systématiquement au crayon à mine de plomb. Ils disent que c'est pour pouvoir «mieux corriger» leurs notes ensuite... De fait, je suppose qu'ils ne le feront jamais, mais ça les rassure! Toujours cette peur d'être jugé s'ils ne prenaient pas *les* bonnes notes! Le crayon a l'avantage de pouvoir s'effacer, mais l'inconvénient d'écrire pâle, donc de n'être pas très lisible. Il n'a d'intérêt que si *effectivement* on veut effacer ensuite. Par exemple si le livre ne vous appartient pas. Ou pour prendre des schémas ou des croquis qu'il est difficile de réussir du premier coup.

Sauf ces exceptions, je ne vois que des avantages à travailler à l'encre et au stylo, ou alors avec un stylo-bille d'assez bonne qualité pour pouvoir écrire incliné sans crisper la main et la fatiguer.

Bien entendu un crayon ordinaire vaut mieux que rien. Dans certains cas, il se justifie si on doit prendre des notes très brèves sur un carnet dans des positions inconfortables. Mais pourquoi employer cet instrument pour noter sur une table de travail, alors que nous pouvons noter avec un bon stylo-bille ou un stylo à plume, instruments bien plus rapides et efficaces? Ne vous étonnez pas ensuite d'être toujours *en retard* dans votre prise de notes!

Si l'on annote un document, deux ou trois crayons de couleur, ou marqueurs, permettent de réaliser une notation différentielle. Par exemple, on pourra convenir que les points importants viendront en rouge, les exemples en bleu, les points à approfondir en jaune. Cette utilisation de la couleur peut être différée jusqu'au moment de la relecture des notes, elle favorise alors la mémorisation (voir chapitre 6).

La prise de notes au magnétophone

Vous avez sur vous, ou à portée, un magnétophone de poche qui se met en route dès que vous appuyez sur le bouton. Une idée lumineuse vous vient que vous voulez recueillir, ... vous pensez soudain à une action à accomplir sans faute, etc. Dans tous ces cas — et même d'autres — le magnétophone est utile. Son gros avantage est que la prise de notes peut se faire sans papier ni crayon ni support; debout, assis ou allongé; à n'importe quel moment et partout: en train, en voiture, au lit, etc.

C'est un système qui connaît une certaine faveur chez les cadres et les patrons pressés. Notamment quand ils disposent d'une secrétaire qui dépouillera la bande et exécutera les instructions ainsi notées. Cette technique est aussi employée chez les romanciers, écrivains et autres créateurs pour garder trace de leurs inspirations subites dans la phase d'incubation au cours de laquelle ils travaillent fortement branchés sur leur inconscient...

L'avantage c'est de saisir l'idée avant qu'elle ne s'envole; sa contrepartie qu'il faudra le plus souvent transformer plus tard la note magnétique en note écrite.

Dans d'autres cas, l'usage d'un magnétophone est utile si l'on veut garder trace d'une réunion, par exemple si l'on veut en rédiger le procès-verbal exact. Mais il faut un appareil plus puissant, de bonne qualité et placé de telle manière qu'il enregistre toutes les interventions de la salle (et pas seulement le président). Ce problème sera évoqué à nouveau au chapitre 7.

Les trois stades de la prise de notes

Ainsi, il y a au moins trois stades dans la prise de notes : la préparation, la prise de notes proprement dite, et la mise « au net » au cours de la relecture des notes (figure 3). A ces trois stades peuvent s'ajouter des révisions.

1. *La préparation* consiste à se munir des outils nécessaires à la prise de notes en fonction de son but. A l'oral on est assez contraint par la vitesse et le plan, que l'orateur annonce ou pas, respecte ou pas. Mais si l'on note à partir d'un document, on a tout loisir pour réfléchir à sa prise de notes et déterminer une bonne stratégie.

2. *La prise de notes proprement dite* sera d'autant plus facile qu'on ne se sera pas laissé surprendre.

3. Mais ce n'est pas fini : *Reste à mettre ses notes « au net »* pour en tirer vraiment parti. D'abord, on pourra compléter les termes manquants, les idées sautées. Ensuite, on mettra la structure en évidence : par exemple, en numérotant les paragraphes et en soulignant les titres. Enfin, on pourra reporter certaines notes sur d'autres supports plus adéquats, ou dresser des tableaux de synthèse, ou dessiner des schémas en face des notes linéaires. Cela notamment pour mieux maîtriser le contenu et favoriser la mémoire visuelle. Selon les circonstances, ces stades peuvent être plus ou moins confondus, ou au contraire, très séparés dans le temps et dans l'espace, notamment le dernier. Dans la suite de ce livre, je ne distinguerai pas forcément ces trois stades, mais n'oubliez pas de les distinguer toujours au moins dans votre esprit : préparer la prise de notes, et relire les notes en les complétant, sont les deux opérations qui valorisent beaucoup la prise de notes instantanée.

Prise de notes en index:
Un exemple d'application en langues

Apprendre une langue — française ou étrangère — c'est maîtriser un vocabulaire sans cesse plus riche et plus abondant. Or beaucoup d'élèves notent ces mots sur leur cahier, par ordre chronologique des cours. Certes, cela leur permet d'apprendre la leçon pour la fois suivante, mais ce vocabulaire reste peu et mal capitalisé. Souvent, à la fin de l'année le cahier sera jeté et le travail effectué... oublié au fil des mois et des années. Un bon système consistera alors à se munir d'un *cahier-répertoire alphabétique,* que l'on trouve facilement dans le commerce. L'étudiant peut y noter directement les mots pendant le cours. Ou, s'il préfère, y transférer les mots nouveaux, le soir, au moment de la mise au net de ses notes. Il se constituera ainsi un dictionnaire personnel qui s'enrichira au fil des mois et des années. Il pourra l'utiliser pour faire ses versions (ou ses thèmes), et surtout le réviser périodiquement, par exemple, à la veille d'un examen. Pourquoi ne pas le faire désormais? Il n'est jamais trop tard pour s'y mettre. Et pourquoi pas, même, dans votre langue maternelle. C'est ce que font beaucoup d'auteurs pour enrichir sans cesse leur vocabulaire.

Résumé — Sauf cas particuliers — rien ne vaut un bon outil pour noter en abondance. Repasser le crayon à l'encre n'est que temps perdu car ce travail mécanique ne fait pas travailler assez l'esprit. On fera mieux de souligner et de compléter ses notes à la relecture, de fabriquer des tableaux de synthèse: ce sont des activités plus productives pour l'esprit.

CHAPITRE IV

Comment choisir et abréger les mots en notant

Vite et bien.
Jamais parfaitement.
(Sagesse populaire)

Noter à partir de l'oral: pour une simple raison de vitesse, nous ne pouvons prendre au mieux que 20 % à 60 % de ce qui est dit (sauf si l'orateur ralentit volontairement son débit).

Noter à partir de l'écrit: avec du temps on peut évidemment *tout* recopier. Mais, sauf cas particulier, c'est absurde: autant faire une photocopie du texte. Ainsi, de fait, une bonne prise de notes suppose toujours de faire un choix volontaire entre les mots, en fonction du but visé.

Donc, dans les deux cas, noter c'est toujours choisir et abréger. Mais *quoi* choisir? Et *quoi* abréger? C'est à ces deux questions que je vous propose de réfléchir dans ce chapitre.

Quels mots choisir de noter?

Dans un texte écrit, ou un discours oral, tous les mots ne se valent pas. Certains renferment peu d'informations, d'autres moyennement, d'autres, enfin, beaucoup. Pour noter l'essentiel, il faut apprendre à trier les mots. En ne retenant que ceux qui sont *porteurs de sens* par rapport à notre but.

Noter d'abord les mots signifiants

Les grammairiens distinguent dans les phrases deux sortes de mots: ceux qui sont directement signifiants en eux-mêmes, et les autres. D'un côté les noms, verbes, adjectifs, adverbes... De l'autre les articles, prépositions, conjonctions... qui ne possèdent pas de sens en eux-mêmes.

Ainsi, quand je rédige un télégramme, payé au mot, je garde les premiers, et je néglige les seconds. J'écrirai par exemple: «Arriverai demain Montparnasse 18 h 23. Amitiés. Louis.» Et le sens demeurera clair pour mon destinataire malgré l'absence d'un mot sur deux.

QUATRE GRANDS CAS

C'est ce qu'il convient de faire pour une prise de notes rapide: ne noter que les mots vraiment signifiants, ceux qui sont porteurs de sens *en eux-mêmes.* Mais ce principe doit être «décliné» en fonction de notre but.

Reprenons la grille d'Herrmann appliquée aux discours. Elle délimite quatre grands secteurs de la connaissance (figure 1).

FIGURE 1 : 4 GRANDS TYPES DE NOTES

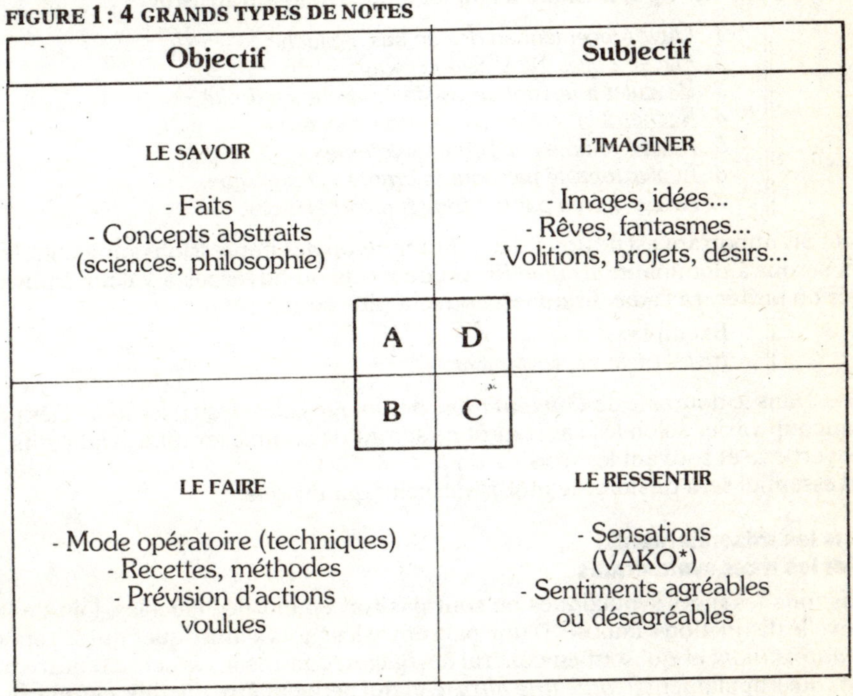

* *VAKO : Vue, Audition, Kinesthésie (toucher et sensations internes), Odorat et goût.*

A — *Dans le domaine de la connaissance objective et abstraite,* les mots clés à retenir sont de deux ordres:

1. les faits et les chiffres précis qui rendent compte de la réalité;

2. les concepts abstraits des disciplines scientifiques et philosophiques définis de manière rigoureuse dans le cadre de chacune d'elle.

> Exemple 1:
> *« Toulouse: 750 km de Paris par RN 20: 10 h de route. »*
> Exemple 2:
> *« Carré: figure géométrique comportant 4 côtés égaux et 4 angles droits. »*

Dans ce domaine, les *noms* constituent souvent les mots clés.

B — *Dans le domaine pratique et technique,* les mots clés seront essentiellement des *verbes d'action* (accompagnés de noms techniques).

Écrivons, par exemple, le mode d'emploi d'une radio à transistor:

> 1. *Ouvrir logement au dos en bas à gauche.*
> 2. *Placer 2 piles 1,5 V selon croquis.*
> 3. *Basculer interrupteur rouge « marche » à droite.*
> 4. *Rechercher station par bouton « accord ».*
> 5. *Régler volume par bouton « volume ».*
> 6. *Régler tonalité par bouton cranté « grave-aigu ».*
> 7. *Régler stéréo par bouton cranté « balance ».*

C — Si l'important est de noter des *sentiments* ou des impressions subjectifs, les mots clés seront à dominante *d'adjectifs* (ou de noms ou adverbes à valeur équivalente). Mais on préférera l'adjectif qui est souvent plus court.

> Exemple:
> *triste, tristesse, tristement.*

D — Dans le domaine de *l'imagination,* des images, des désirs, les mots clés peuvent beaucoup varier selon les cas: tantôt ce seront des noms, tantôt des adjectifs, tantôt des verbes... et souvent les trois.
Ici l'essentiel sera de noter le mot *juste:* celui qui *évoque.*

Dans les raisonnements: noter les mots syntaxiques

Mais tous les mots syntaxiques ne sont pas forcément négligeables, loin de là. Une nouvelle distinction s'impose. D'une part entre les mots syntaxiques qui se rapportent *à d'autres mots,* et qui sont en général à négliger, comme les articles. D'autre part les mots qui s'appliquent *à toute une phrase,* et qui peuvent être décisifs, car marquant le raisonnement de l'auteur.
Si donc la prise de notes vise à assimiler et remémorer un raisonnement, ces « mots-chevilles » deviennent essentiels, et il faudra obligatoirement les noter. Ce sont souvent les fameuses 7 conjonctions de coordination: « Mais, ou, et, donc, or, ni, car » (Mais où est donc Ornicar?).

Exemple de maths très simple:
— *Si : A = B*
— *Et si : B = C*
— *Alors : A = C.*

Ici, les mots «si» et «alors» sont capitaux pour la démonstration. (Nous verrons plus loin qu'ils peuvent être traduits sous forme de symboles, plus rapides à tracer.)

En revanche, dans un raisonnement philosophique, les notations de type algébrique sont souvent mal adaptées, et ces «petits mots» sont indispensables.

Exemple:
la théorie phénoménologique de Husserl
(sous forme très succincte).

— *Descartes fondait sa philosophie sur la conscience de soi: «Je doute, donc Je pense, donc Je suis.»*

— *Mais, fait remarquer Husserl, «toute conscience est conscience de quelque chose».*

— *Donc il n'y a pas d'un côté «ma conscience», considérée comme suffisante à elle-même; et de l'autre les objets du monde qu'elle perçoit: les objets de la conscience sont partie constitutive d'elle-même: la conscience n'est pas isolée, c'est un pont entre «moi» et le monde.*

— *Donc, il n'y a pas d'une part moi, d'autre part le monde. D'une part le sujet; d'autre part les objets.*

— *En conséquence il faut abolir cette coupure «verticale» sujet/objets ou conscience/monde, préconisée par Descartes.*

— *Et donc à la place il faut reconstruire une nouvelle philosophie basée sur la continuité de la conscience entre le sujet et ses objets: le courant de conscience (comme disait William James).*

— *De même, il faut, en revanche, analyser «horizontalement» les différents modes et formes du courant de la conscience; cela en fonction de ses diverses intentionnalités. Dans cette nouvelle optique, il s'agit moins d'expliquer que de décrire. Il faut «revenir aux choses mêmes» débarrassées des théories qui les encombrent.*

— *Donc d'étudier les phénomènes: d'où le nom de phénoménologie donné à cette nouvelle philosophie.*

Dans ce condensé, les conjonctions comme «mais», «donc», et les locutions comme «d'une part», «d'autre part», «en revanche», sont capitales à noter pour bien marquer le raisonnement.

NB. J'ai choisi cet exemple *intentionnellement* car les principes de la prise de notes que je développe ici sont directement inspirés de l'intentionnalité de Husserl. A chaque *intention,* une prise de notes différente : voilà une modeste application de cette illustre pensée, qui est une des sources de la philosophie contemporaine.

Noter par mots isolés

Faut-il noter des mots isolés, ou des phrases entières ?
A cette question, il n'y a pas de réponse unique : tout dépend de votre intention, de votre but. Je critique simplement l'idée qu'il faudrait, *dans tous les cas,* écrire des phrases complètes, pour prendre de bonnes notes. Dans bien des circonstances, cela ne se justifie pas. Par exemple, soit une journaliste, ou un romancier, qui note directement, à partir de la *réalité,* des scènes de la rue à Hong Kong. Son but ici est de garder trace de «petits faits concrets» et d'une atmosphère qu'il essayera plus tard, à sa table de travail, de rendre de manière littéraire.

> Sur son carnet, il peut très bien noter :
> *«Chaleur, 17 h, bruit, coolies, cyclo-pousse, étalages, magasins, odeur d'encens et de friture, vêtements multicolores, gamins courent, enseignes, policemen avec casque, femmes robes fendues côté, mélange vêt. européens et asiatiques, humidité, chaleur oppressante, gorge sèche, vertige, saoul de bruits, mouvements, odeurs, etc.»*

Ce mélange de faits objectifs et d'impressions subjectives lui servira de «pense-bête» pour son texte. Ayant moi-même pratiqué le reportage, je sais combien ces petits mots sont utiles à noter pour restituer une atmosphère, et ne pas rester «sec» revenu à sa table de travail. Sur le moment, on croit cette notation inutile, mais après avoir beaucoup vu, entendu et visité, les souvenirs ont tendance à se confondre, et on ne trouve plus les mots précis pour le dire... Zola, romancier réaliste par excellence, ne faisait pas autrement pour donner à ses lecteurs l'impression du vécu : il notait sur place, ou faisait noter par des amis. Ces fameux *Carnets,* que le public ne connaissait pas, viennent, pour la première fois, d'être édités en 1987.

Le même principe est valable s'il s'agit de décrire toute *image :* photo, peinture, dessin, schéma, tableau de maître, etc. Dans un premier temps, on a intérêt à noter détails et impressions par mots isolés. Ensuite, seulement, on groupera ces éléments pour faire des phrases complètes[1].

1. Pour plus de détails, voir mon ouvrage *L'écriture créative,* Retz, 1986, chapitre 4.

Noter par thème plus prédicat

Toute phrase se décompose en deux parties: le *thème* et le *prédicat,* comme disaient les Anciens. Ou le *groupe nominal* et le *groupe verbal,* comme on dit aujourd'hui (voir figure 2).

FIGURE 2: 2 TYPES DE MOTS:
LES MOTS-THÈME ET LES MOTS-PRÉDICAT

MOTS-THÈME groupe nominal	MOTS-PREDICAT groupe verbal
NOM - article - pronom - adjectif	VERBE - adverbe
MOTS-PHRASES : interjections	
MOTS ET SIGNES SYNTAXIQUES préposition, conjonction (et ponctuation)	

Par exemple, dans la phrase «le ciel / est bleu», «le ciel» constitue le groupe nominal (ou thème) et «est bleu» le groupe verbal (ou prédicat). C'est donc de la liaison entre thème et prédicat que naît le sens, car pris isolément, le thème («le ciel»), ou le prédicat («est bleu»), ne signifieraient pas grand-chose, sinon rien du tout[2]...
Si donc votre but est de noter des prises de position, des affirmations, en pratique il faut (et il suffit) de noter le mot le plus signifiant du groupe thème, et le mot le plus signifiant du groupe prédicat, pour retenir l'essentiel. Dans notre cas, ce sera «ciel»/«bleu».

Voici le cas d'une élève qui note un cours de géographie. Schématiquement, ce cours comprend 2 séries d'éléments.
— Les *thèmes,* qui sont toujours les mêmes pour tous les pays (ou régions) du monde. Exemple: superficie, altitude, climat, pluviosité, terrain, cultures, villes, commerce, ports, industrie, etc.

— Les *prédicats,* qui, à l'inverse, varient à chaque fois pour le pays considéré.
Un élève qui ne noterait que les thèmes ne retiendrait rien (sauf le canevas — très utile à connaître par ailleurs — de la méthode d'étude d'un pays).

2. «Thème» signifie en grec «poser»; le thème c'est la chose que je pose dans mon affirmation (on dit aussi le «sujet»). Prédicat signifie en latin «affirmer»: c'est l'affirmation, le jugement que je prononce au sujet du thème.

Au contraire, celui qui ne noterait *que* les prédicats, en saurait beaucoup plus (cela dans la mesure où il aurait en tête les *thèmes* correspondants, bien sûr).
De fait, une bonne notation doit réunir l'essentiel des deux.
Voici schématiquement ce que pourrait être une bonne prise de notes sur la géographie du Sahara.
— *Premier cas:* l'élève étudie à partir d'un manuel. S'il se borne à lire sans noter, il risque de ne pas retenir grand-chose. Conseillons-lui donc de lire le crayon à la main. Si le manuel lui appartient, il peut, par exemple, souligner ou surligner dans le manuel les mots clés en faisant une pose après chaque paragraphe.
S'il ne veut pas marquer le livre, il peut, au contraire, noter sur un cahier, ou une fiche mobile. Mais dans tous les cas, il faut qu'il exerce son esprit à ne retenir que l'essentiel.
En pratique, c'est dans les intertitres qu'il va souvent trouver les mots thèmes; et dans le corps des paragraphes, les mots prédicats. Par exemple, dans le passage suivant, voici les mots qu'il devra souligner et/ou recopier.

Le climat du Sahara

«Le Sahara est le plus grand désert du monde et le modèle même de ce que les géographes ont appelé le climat désertique. En l'absence de toute humidité, et donc de nuages, la température est torride le jour et froide la nuit...»

Il notera donc:
climat désertique — pas d'humidité — température torride/froide...

— *Deuxième cas*: prise de notes à partir d'un cours oral: même principe.

Sahara

— *Climat: désertique.*
— *Sol: sable (erg) ou caillou (reg).*
— *Pluviosité: très faible (1 à 3 jours/an).*
— *Température: torride le jour, froide la nuit.*
— *Végétation: nulle ou rare (herbes).*
— *Agriculture: irrigation, oasis: palmiers, dattiers, légumes...*
— *Villes: autour oasis (rares, petites, étapes).*
— *Commerce: faible (caravanes, sel...).*
— *Industrie: nulle, sauf exception (pétrole).*
— *etc.*

Noter par phrases complètes

Noter par phrases complètes se justifie dans le cas où ce mot à mot est très important. Par exemple, dans le cas d'une définition ou d'une citation où chaque mot pèse.

> *Exemple: définition de la méthode*
> *«Une méthode est un procédé extériorisable qui fait mieux que l'esprit le travail de l'esprit» (P. Valéry).*
> *Il me suffit de «dévider» chaque mot pour définir le concept de méthode:*
> *— Nature: un «procédé»: une marche à suivre, comportant plusieurs étapes, et dans un certain ordre.*
> *— Propriété: «extériorisable»: qui puisse être communiqué à d'autres personnes (par opposition à nos procédés mentaux instinctifs et/ou inconscients).*
> *— But: «Qui fasse mieux que l'esprit le travail de l'esprit»: une méthode aide l'esprit à travailler mieux que spontanément, elle le guide, le canalise, lui permet de ne rien oublier, etc.*

Donc il me suffit de savoir cette phrase par cœur, pour avoir à l'esprit tout un «discours» sur la méthode. C'est un cas typique dans lequel une notation par *phrase clé* s'impose.

> **Voici ce qu'on peut retenir**
> **Il y a 3 grands moyens de noter.**
> **— Si le but est de pouvoir** décrire, **des mots clés isolés, très signifiants, sont souvent suffisants.**
> **— Si le but est** d'assimiler **du nouveau, il convient de noter par thème + prédicat.**
> **— Si le but est de** mémoriser des principes, **des définitions, on a plutôt intérêt à noter des phrases clés, à apprendre par cœur.**

Dernière remarque: ne négligez pas la ponctuation: les ponctuations sont les notations les plus brèves qui soient puisqu'elles ne comprennent qu'un seul signe! Et pourtant, ces petits signes peuvent porter beaucoup de sens. Parfois ils peuvent remplacer un ou plusieurs mots, voire une phrase entière.

Par exemple, plutôt que d'écrire en toutes lettres:
«Musset a écrit dans *Les nuits* que "Les chants désespérés sont les chants les plus beaux", alexandrin célèbre.»

> Notez:
> *Musset (Les nuits): «Les chants désespérés/sont les chants les plus beaux.»*

Ainsi, les *deux points* remplacent «car» ou «en effet». Les *guillemets* indiquent la

parole même de celui qu'on cite; la *barre*, la scansion du vers (alexandrin coupé à l'hémistiche).
Les points d'exclamation ou d'interrogation indiqueront le ton exclamatif ou interrogatif, sans qu'il soit besoin de faire une phrase complète. Etc. Donc la ponctuation raisonnée est, en prise de notes, une source importante *d'économie*. Ceci nous conduit à notre seconde question.

Comment abréger en notant

Abréger en notant est un art très ancien, comme on va le voir.
Il ne s'agit pas ici d'apprendre un des systèmes sténographiques existants, mais de se constituer un ou plusieurs systèmes personnels, qui permettent de prendre davantage d'idées en quantité et en qualité, sans pour autant noter beaucoup de mots ou de signes.
Le meilleur des systèmes sera celui que nous créerons à notre propre usage. Mais les indispensables recettes doivent découler d'une compréhension préalable des principes de base de la sténographie.

Les systèmes sténographiques

Le mot *sténographie* dérive de deux mots grecs qui signifient «écriture serrée», donc abrégée et rapide. Ce n'est pas une invention récente. Quatre siècles avant J.-C., chez les Grecs, Xénophon s'en servit pour recueillir les propos de Socrate. Chez les Romains, Tiron, esclave affranchi et secrétaire de Cicéron (106-43 av. J.-C.), mit à son tour au point un système appelé «notes tironiennes». Nous lui devons la transcription fidèle du discours de Caton devant le Sénat romain, dans l'affaire de la conjuration de Catilina.
Le principe de base de toute sténographie consiste à supprimer les complications de l'orthographe pour ne retenir que des sons, et parmi eux, ceux qui sont indispensables à la compréhension.
En français, on utilise le système *Duployé*, ou le système *Prévost-Delaunay*. En anglais, les systèmes *Gregg* ou *Pitman*. En allemand le système *Stolze-Schrey*, qui se répandit dans de nombreux autres pays, notamment en Russie. C'est ainsi que les livres de Tolstoï furent dictés grâce à lui.

La *sténotypie* consiste à utiliser une petite machine au lieu d'écrire à la main. L'avantage, c'est que les notes prises avec ce moyen par une secrétaire, pourront être relues sans difficulté par une autre.

L'utilisation du *magnétophone*, qui procède à un enregistrement total et mécanique de la parole, tend actuellement à périmer la sténographie. Elle conserve pourtant son intérêt dans la mesure où elle permet de prendre des notes sélectives, donc intelligentes, en fonction d'un but. Le seul intérêt du magnétophone reste qu'il note tout ce qui est audible (de l'endroit où il est placé). Mais la parole verbale spontanée est bien différente de la parole écrite; si bien que pour transformer la parole en texte lisible, il faudra accomplir un véritable travail de réécriture, sinon d'écriture tout court! Ainsi, si le magnétophone constitue une sécurité, il ne dispense pas du nécessaire travail de l'esprit: il ne fait que le remettre à plus tard, dans des conditions souvent plus difficiles car toute la communication non verbale (attitudes, gestes...) a disparu (le cerveau droit ne peut plus aider le cerveau gauche)...

Noter en abrégeant: la sténographie personnelle

Noter vite en abrégeant. Cela suppose de savoir quels mots abréger et comment le faire pour se relire sans problème.

Quels mots abréger? Réponse: (1) les mots *ultra-courants*, ceux qu'on retrouve partout; (2) à l'inverse les mots *ultra-spécifiques* au sujet considéré. Ne pas abréger les autres mots, surtout ceux qui sont peu connus, ou rencontrés pour la première fois.

Comment abréger? 2 techniques: la sténo et le symbole.
— Pour les mots *courants*, raccourcir le mot en ne conservant que les lettres clés initiales ou consonnes.
Exemple: *c a d.* pour c'est-à-dire.
— Pour les liaisons logiques courantes utiliser des symboles graphiques inspirés des mathématiques.
Exemple: l'idée que A entraîne B sera rendu par: $A \rightarrow B$.

Pour les mots *très spécifiques* au sujet considéré:
— *Sténographie*: ne garder que le début et la fin du mot, la dernière lettre au-dessus de la ligne et soulignée d'un trait.
Exemple: généralisation = *gen.* $^{\underline{n}}$
— *Phonétisme:*
Exemple *K 7* pour cassette, *buro* pour bureau, etc.
— *Symbolisme*: utiliser par exemple des lettres grecques.
Exemple: philosophie = φ.

Dans les cartes, schémas ou autres représentations graphiques, on peut représenter les choses par des symboles visuels comme par exemple dans l'écriture chinoise et égyptienne antiques:

 = *œil*  = *blé, etc.*

TABLEAU DES ABRÉVIATIONS DES MOTS LES PLUS COURANTS

c a d	c'est-à-dire	*ql*	quel
cf.	confer, voir	*qq.*	quelque
ĉ	comme	*qqf.*	quelquefois
cpdt	cependant	*qqu.*	quelques-uns
ds	dans	*ss*	sous
ex.	exemple	*st*	sont
ê	être	*svt*	souvent
pê	peut-être	*tj.*	toujours
gal	général	*t.*	temps
gd	grand	*tt*	tout
pt.	petit	*ts*	tous
intro.	introduction		
id.	identique, idem	*Adm.*	administration
m̂	même	ab^{n}	abréviation
ms	mais	acc^{n}	accélération
nb.	nombre	bv^{t}	bouleversement
nbx	nombreux	b^{se}	baisse
ns vs	nous, vous	c^{n}	conclusion
obs.	observation	dv^{t}	développement
ort.	orientation	$déf^{n}$	définition
pb.	problème	$év^{n}$	évolution
sol.	solution	gal^{n}	généralisation
prtt	pourtant	n^{que}	numérique
pr	pour	obs^{n}	observation
part.	partie	p^{n}	permutation
q.	que	$q^{té}$	qualité
qd	quand	rev^{n}	révolution etc.

TABLEAU DE SYMBOLES USUELS

a) généraux

$\Rightarrow$	conclusion	↘	décroissance, baisse
$\rightarrow$	implique, entraîne...	⤴	naissance, début
$\nrightarrow$	n'implique pas	†	mort, fin, supprimer
$=$	égal à	$>$	plus grand que
$\neq$	différent de	$<$	plus petit que
$\approx$	sensiblement égal à	$+$	plus
↗	croissance, s'élève	$+-$	plus ou moins

∃	il existe	†	christianisme
∄	il n'existe pas	μ	musique — mathématiques
⊂	inclus dans, fait partie de	π	pédagogie
⊄	ne fait par partie de est en dehors de	σ	sémantique — sémiologie
∀x	quelque soit x pour tout x		*b) spécifiques*
ε	quantité très petite	α	algèbre
∝	infini, très grand	φ	philosophie
λ	quelconque	ψ	psychologie
ω	fin suprême et dernière	ψα	psychanalyse
θ	théologie	ρ	rhétorique
		γ	grammaire, géographie

EXEMPLES D'ABRÉVIATIONS
PROPRES À UN COURS OU UN SUJET PARTICULIER

1er exemple: cours de droit administratif

da.	droit administratif	*rg.*	recours gracieux
rep	recours pour excès de pouvoir	*r.c.*	recours contentieux
CE.	Conseil d'État	*C.C.*	Cour de cassation
j.	juge	*jap.*	juge d'application des peines
ar.	arrêt		etc.

2e exemple: cours de géographie

géol.	géologie	*or.*	orographie
géo.	géographie	*pop.*	population
cret. sup.	crétacé supérieur	*dé*	densité
ant.	anticlinal	*ind.*	industrie
syn.	synclinal	*trans.*	transports
mont.	montagnes	*com.*	commerce
pp.	pénéplaine	*com. ext.*	commerce extérieur
△	delta		

symboles à employer sur les cartes de géographie

ψ	blé et céréales	γ	puits de pétrole
∅	betterave, légumineuses	σ	industrie chimique
∪	bovins	⌂	industries (autres)
ℓ	ovins	⛴	port de commerce
▽	mines	⛴	port de voyageurs

En résumé

Bien abréger, c'est tenir le juste équilibre entre le trop et le trop peu : tout écrire c'est perdre du temps ; trop abréger, c'est s'exposer à ne pas pouvoir se relire.

A titre d'exemple — assez remarquable — voyez comment Paul Valéry abrégeait les mots et les phrases dans les notes qu'il prenait chaque jour dans ses Cahiers **(Gallimard, coll. de la Pléiade).**

CHAPITRE V

Sept méthodes de base de la prise de notes

Abondance de biens ne nuit pas
(Sagesse populaire)

Qu'elle soit faite à partir d'un discours oral ou écrit, la prise de notes fait très exactement le *pont* entre lecture, écriture, écoute, prise de parole, réflexion et action. Cependant, force est de reconnaître que si les enseignants demandent à leurs élèves de prendre des notes, ils ne leur enseignent que rarement qu'il existe *plusieurs* méthodes de prise de notes. Et que, selon le but visé, on ne *doit pas* procéder de la même manière.

D'un point de vue neurologique, la prise de notes constitue un point de passage entre le cerveau droit et le cerveau gauche; la réception et l'émission; la passivité et l'activité... C'est un puissant moyen pour assimiler et incorporer la pensée d'autrui que d'y faire intervenir sa propre activité cérébrale. La prise de notes favorise *l'écoute active* et la *lecture active.* Mais elle devra prendre des formes différentes selon la nature du travail qu'elle prépare.

Exercice:
Changez votre prise de notes

Pour mieux assimiler ce chapitre, je vous propose ce petit exercice: lire la plume à la main en prenant des notes, soit en soulignant au crayon sur le livre même, soit en travaillant sur une page à part, étant entendu que vous ne devez pas dépasser la valeur de une à deux pages de notes pour tout le chapitre.
Arrivé à la fin du chapitre, vous pourrez comparer vos propres notes avec le corrigé que je vous propose. Et cette comparaison sera riche d'enseignements et de mémorisation...

Première méthode: la prise de notes sous dictée

Cette prise de notes est courante dans les petites classes, et même les grandes: le professeur anticipe le besoin de l'apprenant en lui dictant, ou en écrivant au tableau, les parties et les sous-parties de l'exposé: I, A, 1, a...
L'activité intellectuelle de chaque élève se borne ici, au mieux, à décider quelles sont les idées clés à noter pour chaque paragraphe. Cela sous forme de petites phrases prélevées dans le discours de l'enseignant. Cette méthode repose souvent sur un pacte tacite: en dictant, l'enseignant a la «paix» dans sa classe, et les élèves ont leur travail aux trois quarts mâché... Du moins en apparence...

Cette manière de faire rassure les «cerveaux gauches» qui savent en permanence *ce* qui est important à noter: à savoir au moins les titres. Son inconvénient est que l'élève demeure souvent passif, note de manière mécanique sans comprendre vraiment, repoussant à plus tard le moment où il devra, de toute façon, le faire pour apprendre sa leçon... De fait, cette méthode vise à faire que la classe suive et que chacun prenne un minimum de notes... C'est une initiation à la prise de notes qui ne devrait être que temporaire...

Deuxième méthode: la prise de notes linéaire «mode gauche»

Maintenant que se passe-t-il si l'enseignant — ou le conférencier — ne marque pas de manière très explicite les articulations de son cours — ou de son discours? L'apprenant pratique alors spontanément ce que j'appelle la prise de notes linéaire. Le discours linéaire (cerveau gauche) est alors retranscrit de manière tout aussi linéaire (cerveau gauche) sous forme de phrases placées à la suite sur le cahier (figure 1 p. 64).

Bien entendu, ces notes valent mieux que rien. Mais l'auditeur, hélas, souvent, note plus des *mots* que du *sens;* il repousse à plus tard le travail d'analyse et de synthèse qui lui permettrait de décider quelles sont les idées principales et les idées secondaires... Second défaut: le cahier est plein comme un œuf. Et, en se relisant, l'apprenant ne peut rien ajouter. Tout au plus peut-il souligner ce qui lui semble important. La passivité l'emporte souvent sur l'activité...

Troisième méthode: la prise de notes structurée en ligne

Mais cette prise de notes, beaucoup trop «mode gauche», peut être sensiblement améliorée en faisant intervenir le «mode droit» par le moyen de la typographie et de la mise en page. Cela, en utilisant notamment le pouvoir signifiant du blanc:
— *blanc vertical:* une ligne sautée signifie changement de paragraphe, donc d'idée. Deux lignes sautées: changement de partie. Retour en haut de page: changement de leçon ou de chapitre...
— *blanc horizontal:* l'écriture contre la marge signifie point principal et correspond à un titre de partie; l'écriture à deux centimètres de la marge signifie point secondaire ou titre de paragraphe...

Bien entendu, ces deux types de blancs — plus les simples et doubles soulignages — peuvent se combiner dans ce mode structuré de prise de notes. Si on a le temps, on pourra le réaliser sur le moment; si on est pressé, cette mise en valeur du texte sera faite au moment de la mise des notes au net.

FIGURE 2: TABLEAU PAR ACCOLADES

LES CINQ GENRES ORATOIRES		
	1. ELOQUENCE POLITIQUE *(la tribune)*	*Discours préparés* *improvisés*
	2. ELOQUENCE JUDICIAIRE *(le barreau)*	*Réquisitoires* *Plaidoyers* *Répliques*
	3. ELOQUENCE RELIGIEUSE *(la chaire)*	*solennelles (ex. : oraison funèbre)* *plus familières (homélie)*
	4. ELOQUENCE ACADEMIQUE *(l'amphithéâtre)*	*Discours* *Conférences* *Leçons*
	5. ELOQUENCE MILITAIRE *(en plein air)*	*Harangues* *Ordres du jour* *Proclamations*

Une variante : la prise de notes en tableau par accolades

Cette prise de notes est possible quand l'orateur, ou le professeur, annonce clairement son plan et le respecte. Après coup, elle est toujours possible à titre de révision — synthèse —, en face du texte linéaire. L'exemple montre qu'elle s'applique particulièrement bien quand le sujet est à dominante descriptive et didactique (figure 2 p. 61).
La page n'est plus forcément toute remplie : si l'apprenant n'a pas tout pu noter sur le moment, il pourra compléter ses notes plus tard, en remplissant des blancs manquants. D'autre part, il peut, à tout moment, utiliser les blancs de marges, des hauts et des bas de pages, pour y placer des notes personnelles.

Quatrième méthode : la prise de notes « mode droit » en constellation de mots

Cette prise de notes, typique du mode droit, n'est pratiquement jamais enseignée. C'est bien dommage, car elle est très formatrice pour l'apprenant, et elle peut être très pratique dans bien des cas. Notamment quand l'enseignant, ou l'orateur, ne s'oblige pas à un cours — ou à un discours — très structuré. Quand il fait une « causerie » plutôt qu'un cours. L'apprenant « mode gauche » se sent alors souvent perdu. Ou bien il prendra des notes purement linéaires (selon la méthode 2) ; ou bien il posera son stylo et ne notera rien, se sentant incapable de maîtriser un discours qui n'est pas structuré explicitement. Et ce sera bien dommage, car ce type de notation a *trois* grands avantages (figure 1 bis p. 65).

D'abord, il permet de faire face à toutes les situations de discours, même non structurés, comme il arrive très souvent dans les circonstances réelles de la *vie active.* Tout spécialement les réunions, où le discours se construit spontanément par intervention des différents participants : exposés, questions, réponses, discussions...

Ensuite, il favorise la destructuration du discours de l'orateur au profit de l'incorporation de ses idées dans ma propre problématique d'auditeur. C'est une méthode éminemment *active,* qui fait le pont avec ma capacité future à produire un nouveau discours, à écrire de manière originale, à composer sans être l'esclave de la structure de la pensée des autres : à créer de nouvelles pensées.
C'est une prise de notes à conseiller quand on se documente *en vue d'écrire* un texte : en écoutant, en lisant, en pensant.

Enfin, c'est une prise de notes qui, combinant écriture *et dessin* à tout moment, tire le mieux parti du mode documentaire de l'écrit et d'une pensée «mode droit» qui favorise la mémoire (voir chapitre suivant).
Pour peu qu'on leur dise que ce mode de prise de notes est non seulement «licite» mais intelligent, les «cerveaux droits» s'y sentiront à l'aise et pourront mieux investir leur forme d'intelligence dans la prise de notes. Les «cerveaux gauches», quant à eux, seront d'abord, sans doute, déroutés dans leurs habitudes. Ils vont prétendre que cette notation n'est pas «logique», et qu'avec elle «ils sont sûrs de ne rien retenir»... Rassurez-les en leur montrant qu'on peut combiner une notation «mode droit» et «mode gauche» (voir le tableau à la fin de ce chapitre).

Utiliser les «constellations» dans la vie active

Dans la vie active, la prise de notes en nébuleuse est très utile si vous devez jouer le rôle de secrétaire dans une réunion peu structurée ou à but mal défini.
En différant l'activité de rédaction qui se fera à tête reposée, l'esprit s'oblige à reconstituer la pensée du, ou des intervenants, en marquant les articulations manquantes du raisonnement (or, mais, donc, par contre). Aussi, il n'est pas conseillé de différer trop longtemps l'activité de rédaction. Elle devra être faite le soir même ou le lendemain, sous peine de perdre une bonne partie de la substance qui devra apparaître dans le compte rendu.

Les enseigner à l'école

Autre remarque, pédagogique: cette méthode fut publiée pour la première fois en France par le pédagogue anglais Tony Buzan dans son livre *Une tête bien faite*, grâce à une traduction d'Hélène Trocmé. C'est notamment ainsi qu'il apprit à ces «cerveaux droits» comment accéder au «mode gauche» de la scolarité classique. Cet apprentissage ne se fait pas en un jour, surtout après des années d'apprentissage «mode gauche». Pour aider les élèves au début, le professeur peut d'abord dessiner lui-même les constellations au tableau, à mesure qu'il fait son cours. Puis il peut envoyer au tableau tous les élèves un par un, pendant, disons, le quart d'heure correspondant à une partie de son cours. Pendant qu'il parle, l'élève dessinera son cours. A la fin, le professeur utilise la correction de la nébuleuse pour faire la synthèse de son propos (et il peut noter l'élève sur la pertinence de sa prise de notes publique). Mais l'objectif final reste que chaque élève devienne capable de prendre des notes spontanément sous l'une et l'autre forme. Et sache passer de l'une à l'autre, et dans les deux sens. Et cela, aussi bien pour un cours oral, que pour une leçon écrite à apprendre seul sur le manuel ou sur un livre. Dans cette optique, on peut très bien donner des «nébuleuses» à faire comme devoir à la maison.
Mais à partir de ce cours de base de prise de notes, le professeur devra aussi enseigner les prises de notes plus spécifiques que nous allons voir dans les chapitres suivants: objective et structurale, puis réactive.

FIGURE 1 : EXEMPLE DE PRISE DE NOTES PUREMENT LINÉAIRE (CERVEAU GAUCHE)

La communication politique
Conférence de M.-B. Rideau, Villeneuve-sur-Lot, juin 1987.

Il est membre du cabinet Deciders. Il a écrit les livres «La fiancée» et «L'illusion du pouvoir». Ce qu'il y a de nouveau c'est l'intrusion des hommes de communication, des professionnels dans ce secteur. Trajet personnel: conseiller à l'Elysée (Giscard) fin 1974, puis conseiller de Mitterrand en 1981.
Maîtriser la communication c'est garder le contrôle du pouvoir. La concurrence des médias crée l'émulation entre hommes politiques. Si l'un passe à la radio ou la TV, les autres se sentent obligés d'en faire autant. Avec l'importance grandissante des techniques, les communications deviennent des «produits». Mais le mitraillage des auditeurs provoque une anesthésie des cerveaux et ils créent des systèmes de défense pour se protéger (etc.).

FIGURE 1 bis : PRISE DE NOTES DE LA MÊME CONFÉRENCE SELON LE «MODE DROIT» : NÉBULEUSES UTILISANT LE CARACTÈRE SPATIAL DE LA PAGE

→

LA COMMUNICATION POLITIQUE

I. NOUVEAU

L'intrusion des professionnels dans cette activité.

trajet - personnel - } Fin 1974 = Elysée Mitterrand 1981.

II CONCEPTS

1. Communication et pouvoir

- *maîtrise de la communication*
- *pouvoir*
- *la concurrence des médias crée : l'émulation l'obligation de passer à la TV et les radios.*

2. Communication et culture

- *avec technologies : culture = "produits".*

3. Communication et pédagogie

- *le mitraillage informatif*

→ anesthésie des cerveaux
→ filtrage sévère par les auditeurs.

4. Communication et progrès

Oui, par nature,
ouverture "le fond".

5. Communication et démocratie

TV → citoyen direct
→ légitimité reconnue
cas de Mitterrand : cohabitation
...popularité

III EXEMPLES D'APPLICATIONS

- *Le Pen crée événement en lançant trois thèmes à la TV :*

→ obligation de répondre pour d'autres hommes politiques.

- *Pour accéder à la TV : il faut une cote de popularité importante (droit d'entrée)*

→ cercle vicieux.

- *conflit : contenu du message contre notoriété*

ex. marketing politique
ex. Chirac s'est construit une clientèle en augmentant sa cible depuis l'agriculture de Corrèze. Conflit : local/national

CONCLUSION : *Pour les hommes politiques : Savoir gérer son temps et les apparitions sur les médias, ni trop (fatigué) ; ni trop peu (oublié).*

Trois remarques pour conclure

Cette prise de notes «en nébuleuse» est la plus personnelle de toute, et peut-être «nébuleuse» pour des tiers. Mais cela n'a aucune **importance si on note** pour soi **dans le but de garder trace, de mémoriser et de réfléchir.**

Dans la phase de la relecture, ces notes peuvent et doivent être coloriées. **Cela augmente la mémoire visuelle, car chaque page devient comme un tableau d'artiste, différent de tous les autres tableaux-pages.**

L'auditeur peut et doit placer ses propres notes dans la page. Dans une conférence, par exemple, il pourra placer la lettre «Q» aux endroits où il voudra intervenir à la fin pour poser des questions.
Dans d'autres cas, il pourra tracer des flèches mettant en rapport telle idée avec telle autre. Soit que l'orateur fasse cette liaison, soit qu'elle germe de son propre esprit. Dans ce dernier cas, on voit bien comment, concrètement, cette prise de notes pousse à l'écriture: les blancs sur la page sont une invitation pour l'auditeur/lecteur à entremêler **ses pensées avec celles de l'orateur/écrivain. C'est la porte ouverte à l'écriture, comme on le verra dans la troisième partie.**

Cinquième méthode: la notation avec deux pages et deux cerveaux

Rien n'empêche de combiner les deux types de prise de notes en utilisant systématiquement deux pages en regard du cahier. Sur l'une, le mode droit: les mots dessinés en constellation et/ou schémas. Sur l'autre, en regard, les mêmes idées structurées de manière discursive, et hiérarchisées.
Cette nouvelle pratique aura le gros avantage de transformer la révision des notes en opération intellectuellement active. En s'obligeant à traduire une pensée exprimée sur un mode dans l'autre mode, l'apprenant ne peut que mieux assimiler: «avoir compris, c'est savoir refaire». Cette capacité de traduire un mode dans l'autre développe *tout le cerveau* et devient la pierre de touche de la bonne assimilation.
Elle favorise, de plus, la bonne mémorisation en s'appuyant, non plus sur la seule mémoire auditive, mais en même temps sur la mémoire visuelle qui est souvent bien supérieure à la première.

A titre d'exemple, qu'on me permette ici d'évoquer le souvenir personnel de deux professeurs de géographie. Le premier, M. Leblanc, passait son temps à dicter un cours où il n'était question que de tonnages de céréales et de minerais... (aujourd'hui, je peux dire que c'était un «cerveau gauche total»). Résultat lamentable. Mémorisation nulle.
A l'inverse, M. Rieucau (que je salue ici) construisait tout son cours autour de la carte schématique du pays étudié. Au début du cours, il dessinait au tableau le fond de carte, tiré des excellents *Cahiers de cartographie* de Fraysse. Puis, à mesure que le cours avançait, il plaçait sur la carte les symboles des activités agricoles, industrielles, commerciales... Quand l'heure sonnait, la carte était terminée, le pays «photographié», et la leçon déjà à moitié apprise par simple «imprégnation visuelle». A chaque pays correspondait une carte. Non pas la carte décalquée avec tous ses détails qui n'apporte rien à l'intelligence mais une carte *construite à main levée* sur une grille quadrillée où des proportions simples (moitié, tiers, quart...) permettaient de retrouver le contour à tout moment. Puis de compléter l'intérieur grâce aux symboles — toujours les mêmes — dont la taille exprimait l'importance de la production.
Cette méthode me permit de ressortir, en propédeutique, le cours sur le «Brésil» appris en 4e. Encore aujourd'hui, soit trente ans après, j'ai cette fameuse carte au fond de ma mémoire (avec en prime la coupe géologique du continent d'ouest en est!).
Qu'on ne me dise surtout pas que la géographie est un cas spécial. Même si elle se prête mieux à ce type d'enseignement, toute matière peut être apprise selon des méthodes analogues. Par exemple, *en histoire,* M. Rieucau traitait les leçons de révision-synthèse sous forme de tableaux synoptiques. Dans la première colonne la politique intérieure; dans la seconde, la politique extérieure (guerres, traités...); dans la troisième, les événements repères du domaine international, social, culturel...
Si votre cours est — comme je le crains — totalement linéaire, voilà un bon moyen de le réviser en contruisant de tels schémas sur votre page de gauche. Comme exemple, vous trouverez ci-après, la prise de notes que vous auriez pu faire pour une leçon de géographie sur la plaine du Pô (figure 3 p. 68).

FIGURE 3 : EXEMPLE D'UN COURS DE GÉOGRAPHIE PRIS SUR 2 PAGES ET SELON « DEUX CERVEAUX » : NOTES STRUCTURÉES À GAUCHE, CARTES À DROITE

UNE PLAINE AGRICOLE EN EUROPE :
LA PLAINE DU PÔ (ITALIE)

I. ORIGINALITÉ-IMPORTANCE
— *vaste superficie (= 10 départements français)*
— *forte population (d = 100 hab/km)*
— *richesse (grenier à blé de l'Italie).*

II. UNE PLAINE BIEN AMÉNAGÉE
A) Conditions naturelles
— entre Alpes et Appennins,
— ancien golfe marin comblé de matériaux provenant d'eux,
— Pô : importance : longueur/débit/alluvions,
— climat continental : hivers froids, étés chauds.

B) *Aménagement par l'homme*
— bourgeois → capitaux → « bonification »
(digues, assèchements, drainages, captages fontanili → irrigation pied des Alpes).

III. L'IMPORTANCE DE LA PLAINE DU PÔ
A) *Le grenier de l'Italie (carte)*
Elle nourrit toute l'Italie (notamment le Sud)

B) *Importance de l'industrie*
— grandes villes : Turin, Milan...
— industrie mécanique (auto...)
— industrie chimique (gaz...)
— industrie alimentaire (pâtes, conserves, salaisons...)

CONCLUSION : SON IMPORTANCE DANS L'EUROPE DES DOUZE
— exportation des fruits-légumes vers la France et l'Allemagne (voies de communication),
— concurrence France/Italie, développement des bovins → salaisons.

La plaine du Pô en Italie
(elle occupe 15 % du territoire italien)

Légende
___ limites
...... fontanili
.ı.ı.ı.ı canal Cavour
— frontière
═ mer

Piémont, Lombardie, Vénétie, Emilie } *régions*

T Turin
M Milan
C Crémone
F Ferrare
B Bologne
V Venise
} *villes*

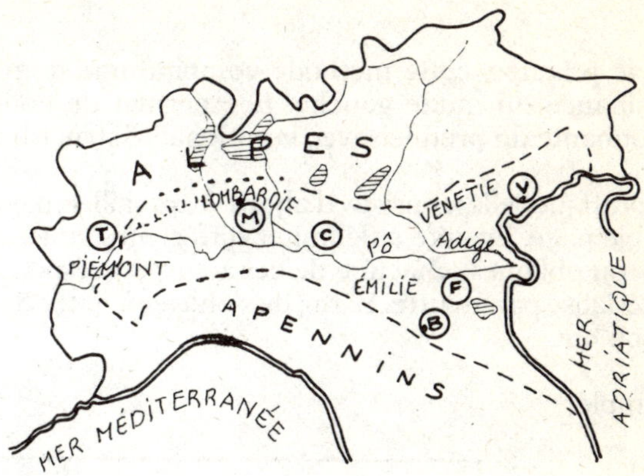

Agriculture de la plaine du Pô

polycultures
vin
betterave à sucre
riz
élevage bovin

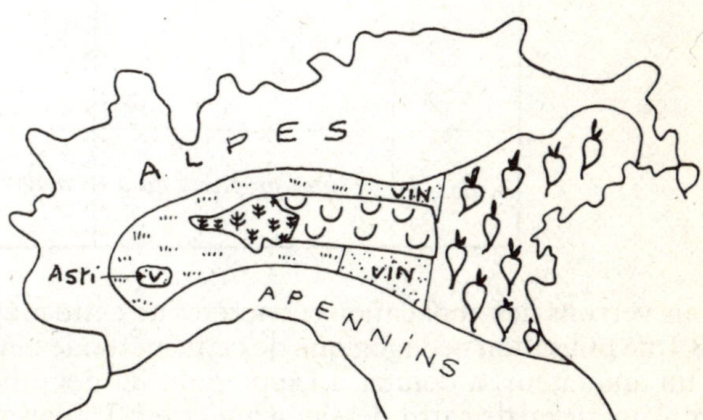

Sixième méthode: la prise de notes en grille

Sur le principe, cette méthode combine une dominance du mode droit avec une dominance du mode gauche. Elle permet de concilier en bonne partie la liberté foisonnante du premier avec la rationalité structurante du second.

En pratique, elle consiste d'abord à travailler page par page, ou double page par double page. Ensuite à délimiter différentes zones par des traits verticaux, horizontaux ou obliques; chacune de ces zones correspondant à un principe de classement matérialisé par un titre. Enfin, de s'obliger à noter dans ce cadre, préétabli en fonction de son but.

Exemple:

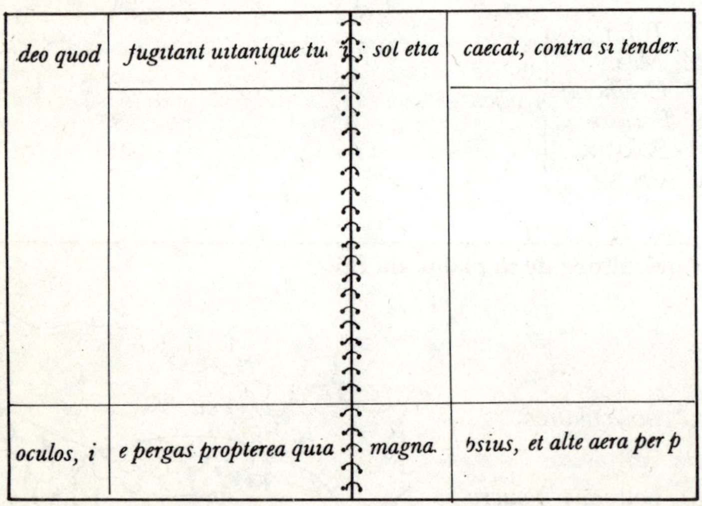

(Nous verrons des applications concrètes de cette méthode dans le chapitre suivant).
N.B. Une utilisation pédagogique de cette méthode peut consister, pour un professeur ou un animateur, à donner à l'apprenant un document volontairement inachevé à compléter: fond de carte, dessin, schéma, etc. L'apprenant note alors en complétant le document.

Dernière étape: le cerveau total: le schéma simple ou systémique

Il n'est pas besoin d'un long discours pour dire ce que c'est qu'un *schéma simple*. Entre mille exemples, en voici un: la figure 4 page suivante est un schéma descriptif tiré d'un cours d'histoire sur la Révolution française.

La pensée systémique est la fine fleur de la pensée scientifique, technique et épistémologique moderne. Elle mériterait *en tant que telle* de longs développements qui n'ont, malheureusement, pas place dans ce cadre. Disons pour simplifier qu'elle se fonde sur trois principes fondamentaux caractérisant le «cerveau total».

— Citer et décrire un certain nombre d'objets n'épuise pas la réalité, car on oublie alors les *relations* entre ces objets. Relations qui sont aussi réelles que ces objets eux-mêmes, bien que de nature un peu différente. Dans bien des cas, ces relations sont même *plus importantes* que ces objets eux-mêmes.

— La réalité n'est pas statique, mais *dynamique:* ses éléments ne sont pas au repos mais sources ou objets d'influence sur les autres objets. La réalité est plus qu'une collection d'objets: elle est un champ de *forces* en action (comme nous l'enseigne la physique qui représente ces forces par des vecteurs); ou encore de *flux* de matières, d'énergies ou d'informations.

— Ces forces ou ces flux peuvent aller dans le même sens, ou au contraire, se contrarier en tout, ou en partie. Leur résultante constitue l'essentiel de ce qu'on peut et doit savoir sur cette réalité conçue aussi en terme de *système*.
Système homéostatique: les boucles de rétroaction allant en sens contraire font que le système reste stable, toute force dans un sens engendrant des forces dans l'autre.
Système implosif ou explosif: ici le jeu des forces aboutit à la destruction du système par implosion (éclatement vers l'intérieur), ou explosion (éclatement en direction de l'environnement externe).

Sur le plan graphique, **la réalité sera ainsi traduite par un** schéma **comportant:**
— d'une part les éléments du système sous forme de carrés, de cercles, de rectangles...
— d'autre part des traits fléchés, **figurant les relations dynamiques entre ces éléments: flux ou forces (voir figure 5 page suivante).**

FIGURE 4 : UN EXEMPLE DE SCHÉMA DESCRIPTIF

LE GOUVERNEMENT RÉVOLUTIONNAIRE DE LA FRANCE SOUS LA TERREUR (1794)

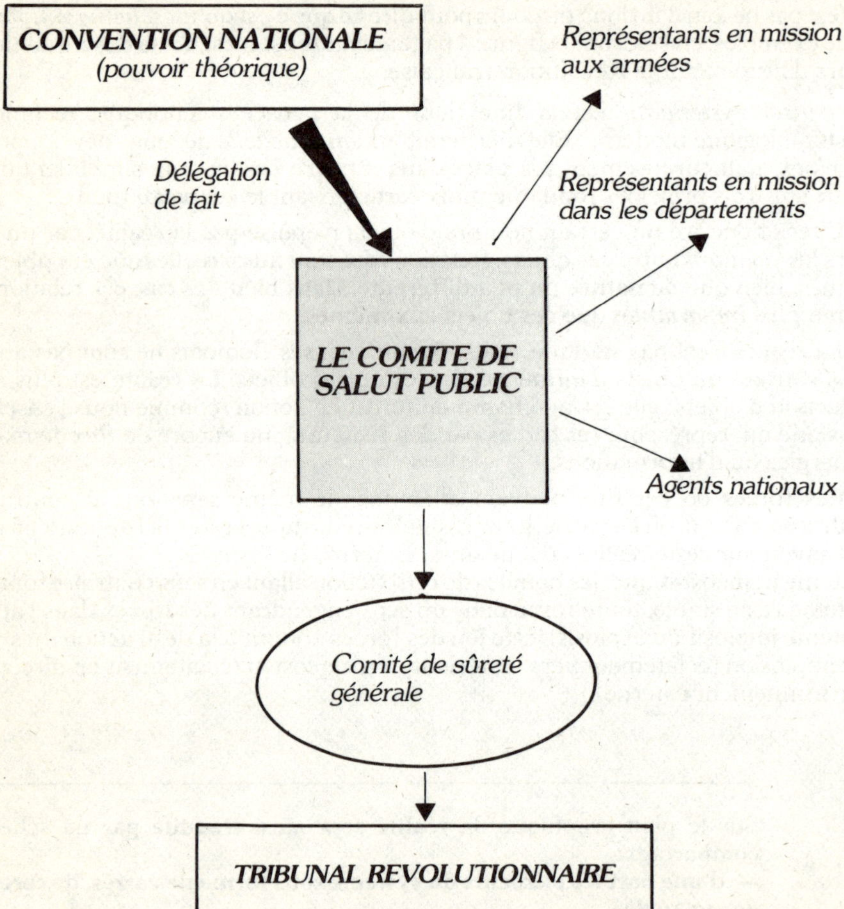

FIGURE 5 : EXEMPLE DE SCHÉMA SYSTÉMIQUE SUR L'ÉCONOMIE DU MOYEN ÂGE

A) LE CYCLE INFERNAL DU SYSTEME ANCIEN DE L'AGRICULTURE AU MOYEN AGE (assolement triennal et jachère)

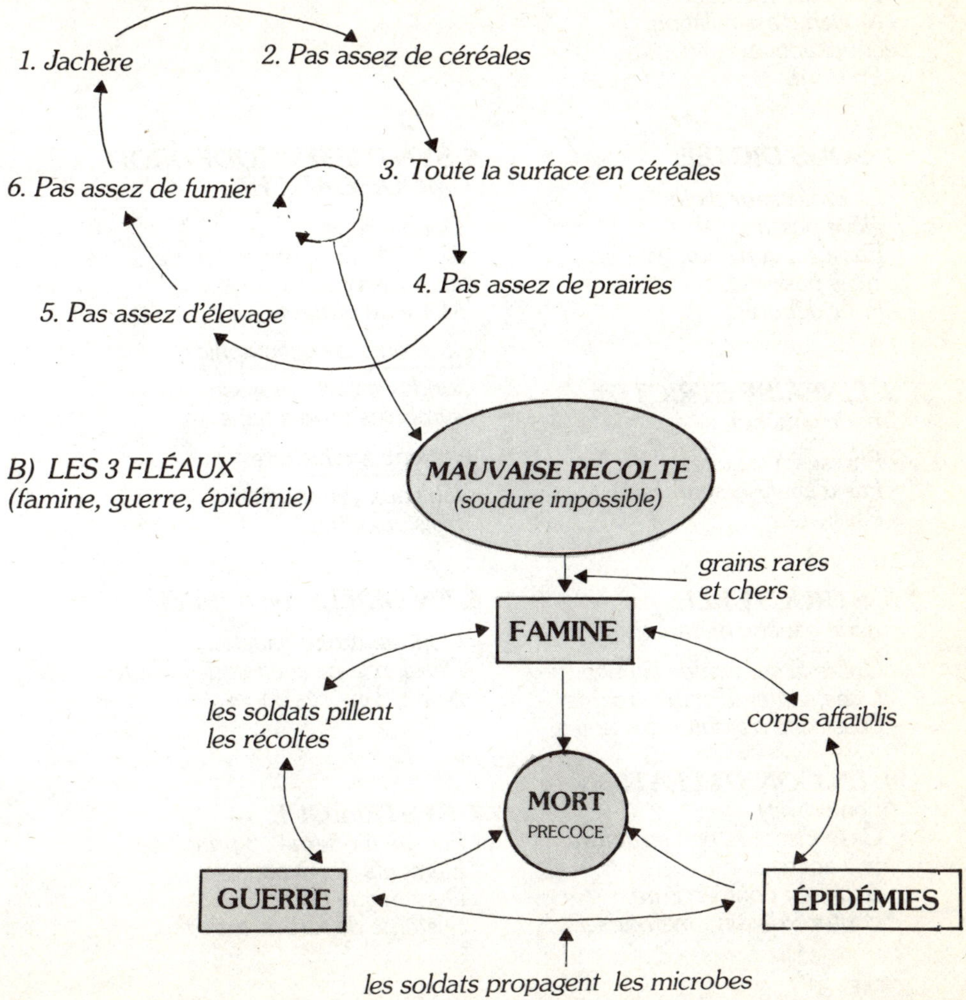

FIGURE 6 : EXEMPLE DE PRISE DE NOTES SUR CE CHAPITRE
(corrigé de l'exercice proposé p. 59)

SEPT MANIERES DE PRENDRE DES NOTES

- Pont entre lecture/écriture.
- Plusieurs méthodes.
- Moyen d'assimilation/ écoute active.
- En f/but.

1. SOUS DICTEE

- Le professeur dicte/ élève passif.
- Rassure, cerveaux gauches, mais passivité.
- Pour débuter.

2. LINEAIRE STRICTE
(mode gauche)

- Phrases à la suite.
- Pas d'analyse/synthèse.
- Passivité.

3. STRUCTUREE
(mode gauche hiérarchisé)

- Utilise la surface de la page.
- Ligne sautée/distance marge.
- Possibilité d'ajouter des notes.

4. EN CONSTELLATION
(mode droit)

- Cas : discours peu structuré (vie active).
- Activité : pont/écriture.
- Ecriture/dessin : mémoriser.

5. SYNTHESE : MODE DROIT + MODE GAUCHE

- Double page.
- Activité : développement de tout le cerveau.
- Mémoire visuelle.

ex : cours de géographie

- fonds de carte Fraysse
- symboles productions

ex : cours d'histoire

- tableaux synoptiques
- trois colonnes.

6. EN GRILLE (ou ARBRE)

- Concilie droite/gauche.
- Division la page en zones f/but.
- Noter dans ces zones.

7. SYSTEMIQUE

- Pensée moderne : 3 principes.
- Eléments + relations.
- Dynamique (forces). Système de forces et de flux.

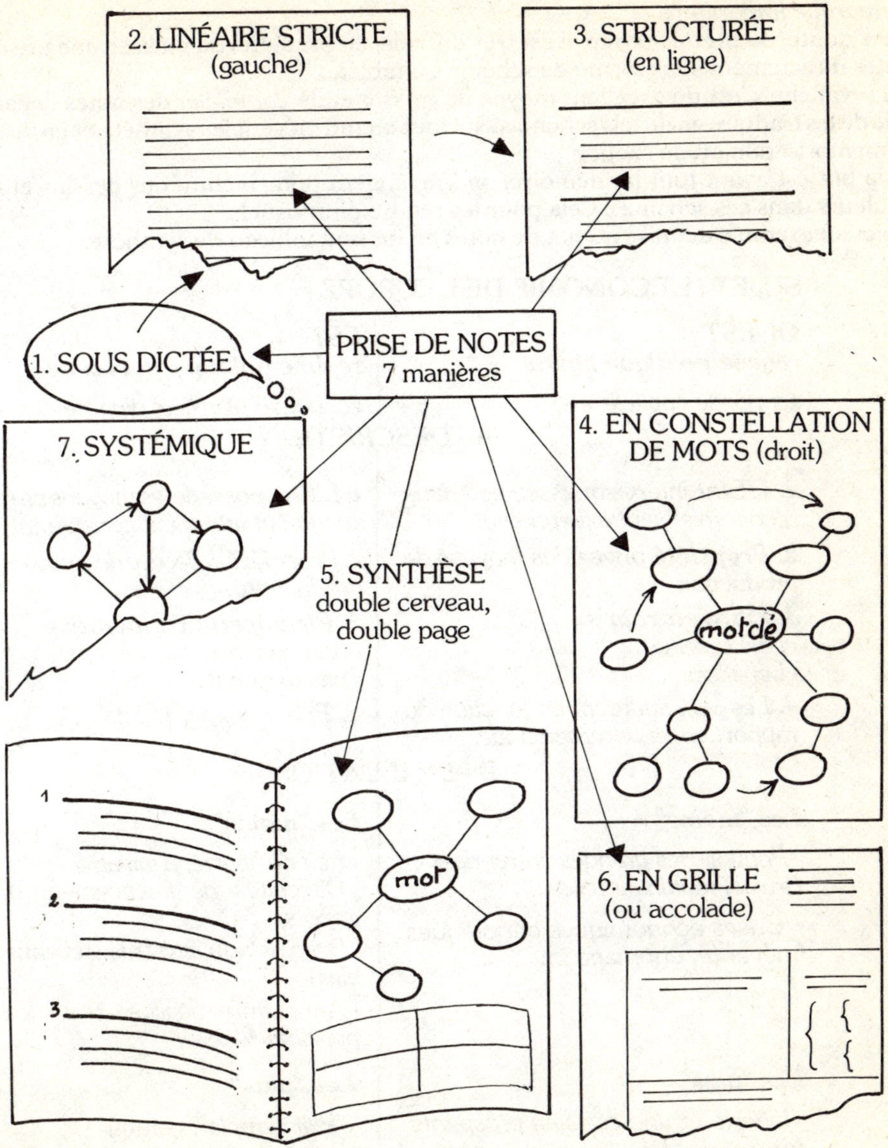
2. LINÉAIRE STRICTE
(gauche)
3. STRUCTURÉE
(en ligne)
1. SOUS DICTÉE
PRISE DE NOTES
7 manières
7. SYSTÉMIQUE
4. EN CONSTELLATION
DE MOTS (droit)
mot clé
5. SYNTHÈSE
double cerveau,
double page
1
2
3
mot
6. EN GRILLE
(ou accolade)

Remarque importante
Sans doute, du premier coup, il est très difficile, en pratique, de réaliser une prise de notes directement sous forme de schéma ou tableau.
En revanche, c'est un excellent moyen de *réviser* et de *compléter* des notes linéaires que de les traduire en de tels schémas. Surtout quand on veut les synthétiser en vue de la mémorisation ou de l'action.
Si le but est avant tout la mémoire, on s'arrangera pour inclure des dessins et des couleurs dans ces schémas. Cela pour les rendre plus visuels.
Voici un exemple de mise au net de notes en un seul tableau de synthèse.

SUJET : L'ECONOMIE DE L'EUROPE

OUEST : ***régime politique libéral*** *économie capitaliste*	***EST :*** ***régime politique socialiste*** *économie planifiée, dirigiste*
A - DESCRIPTION	
1. L'Etat *intervient assez peu dans l'économie (sauf exceptions).*	***1. L'Etat*** *possède les moyens de production et intervient constamment.*
2. Propriété *privée des moyens de production.*	***2. Propriété*** *collective des moyens de production.*
3. Libre entreprise *- concurrence* *- bénéfices*	***3. Planification impérative*** *- non-concurrence* *- pas de profits*
4. *Les* ***prix*** *fluctuent en fonction du rapport entre offre/demande.*	***4. Prix*** *fixés par l'Etat.*
B - EVALUATION	
Les "moins"	***Les "moins"***
- Pouvoir des grandes entreprises (trusts, multinationales...). *- Crises économiques périodiques (mévente, chômage...).*	*- Peu de liberté, d'initiative.* *- Difficultés de financement (hors impôts).* *- Besoins non satisfaits (revenus faibles).* *- Agriculture négligée (sauf les lopins individuels).*
Les "plus"	***Les "plus"***
- Liberté et une certaine prospérité (niveau de vie).	*- "Plein emploi" garanti.* *- Revenu minimum assuré à tous.*

CHAPITRE VI

Prise de notes et mémoire
Visualiser pour mémoriser

La mémoire
c'est du souvenir en conserve.
(Pierre Dac)

Dans bien des cas, le but de la prise de notes est la mémorisation. On pense, bien sûr, à l'élève ou à l'étudiant qui est censé mémoriser des centaines de pages de ses cours ; mais aussi à tous ceux qui, dans la vie active, doivent retenir, pour leur travail, des listes de noms ou d'opérations à effectuer, et cela sans possibilité d'avoir recours à leur papier.
Si c'est votre cas, vous avez, sans doute, constaté que la prise de notes linéaire brute suffit rarement à garantir un rappel correct. Il faut aller plus loin et *mettre au point* ces notes dans une forme telle qu'elles puissent être mieux retenues.
Mon but n'est pas ici de tout dire sur les procédés mnémotechniques : je n'ai pas la place, et cela ferait d'ailleurs double emploi avec l'excellent livre de Françoise Gauquelin : *Développer sa mémoire, méthode Richaudeau* (Retz, 1983) auquel je vous renvoie. Je me contenterai donc de développer quelques principes pratiques directement utiles pour transformer une première prise de notes en matière mieux mémorisable.
Ces « trucs » pour mémoriser sont connus depuis la plus haute antiquité. On les trouve en particulier dans les livres de Cicéron : *De oratore,* et *Rhétorique à Herrenius.* Loin d'être périmés, ils se trouvent aujourd'hui confirmés par la neurologie moderne. Ce petit exercice va nous permettre de les redécouvrir.

Exercice :
testez le fonctionnement de la mémoire

Voici 3 listes de 10 mots à retenir. Lisez la première, montre en vue, pendant 1 minute. Puis, crayon en main — et sans la regarder — essayer de retrouver le maximum de mots. Faites de même pour la liste 2. Puis pour la liste 3. Puis pour la 4. Et comparez vos scores.
Liste 1: même, certain, environ, quantité, séquence, très, travail, abstrait, pourtant, déficit.

Liste 2: diamant, vache, parapluie, guitare, stylo, bidon, rose, soleil, singe, montre.
Liste 3: faire la guerre, construire une maison, allumer un feu, regarder les étoiles, composer un bouquet de fleurs, écouter de la musique, tirer à la carabine, lire un roman, faire cuire un poulet, ranger la vaisselle.
Liste 4: Jean revient de guerre pour construire sa maison. Le matin il tire à la carabine et compose des bouquets de fleurs. A midi il fait cuire un poulet puis range la vaisselle. L'après-midi il lit des romans en écoutant de la musique. Le soir il allume un feu et regarde les étoiles.
(Solution p. 157.)

Quatre principes pour retenir

La technique des Anciens était fondée sur 4 principes qui sont toujours valables:
— rendre visuelle la matière à retenir (ou la mettre en musique);
— rattacher le nouveau au déjà connu;
— renforcer la mémoire par le sentiment, le mouvement ou l'action;
— réviser plusieurs fois.

Visualiser fortement la matière à retenir

De nos cinq sens, la vue domine. Selon une enquête réalisée par des psychologues, l'homme contemporain reçoit en moyenne 80 % de ses informations de la vue; et seulement 12 % de l'audition, 5 % du toucher et 1 % du goût et de l'odorat.

D'autre part — toutes choses égales par ailleurs — nous nous souvenons mieux du dessin que du texte, et des couleurs que du noir et blanc. D'abord, cela confirme l'excellence de la prise de notes spatiale sous forme de dessin ou de schéma. Cela confirme aussi l'intérêt qu'il y a à colorier ses notes de plusieurs couleurs: soit directement au moment de leur prise, soit en différé au moment de leur révision. N'hésitez pas à le faire sous prétexte que ce procédé passe à tort pour «enfantin»: il est efficace.

Ensuite, cela nous invite à transformer notre premier jet de notes, lors de leur première révision, en figures visuelles. Matériellement, vous pouvez intercaler, dans votre classeur, de nouvelles pages où vous reprenez l'essentiel de vos notes sous forme de mots clés visualisés par des dessins ou schémas.

Renforcez la vue par le sentiment et/ou le mouvement

Entre plusieurs images, choisissez les images qui se retiennent le mieux par leur caractère *insolite.* Ce sont les images baroques, fantastiques, dramatiques, grotesques, voire obscènes ou scatologiques! Plus l'image est frappante, insolite ou choquante, plus elle sera retenue.
Pourquoi? Parce qu'il n'y a pas de mémoire sans un minimum d'émotions, de sentiments. Chez l'homme, c'est le deuxième étage du cerveau, le système limbique qui gouverne *à la fois* les sentiments, la mémoire et l'apprentissage (c'est-à-dire l'intégration du nouveau).
Faites l'expérience vous-même: essayez d'évoquer un souvenir lointain, par exemple de votre enfance, ou de votre petite enfance...
Faites-le, et à tous les coups, vous allez vous apercevoir que ce souvenir est lié à une forte charge émotionnelle: peur, surprise, joie, douleur, etc. Pourquoi? parce que c'est moins des choses mêmes dont nous nous souvenons, que des *émotions* que nous avons ressenties au contact de ces choses.

Voici un bon exemple de dessin mnémotechnique baroque, tiré d'un ancien traité de la Renaissance. Il s'agit d'un memento destiné à des étudiants en théologie qui devaient connaître à fond les Évangiles (figure 1, p. 80).

Utiliser un sigle récapitulatif

Voici une variante du procédé: l'acronyme ou sigle. Elle concerne surtout les cas où l'ordre des notions à retenir n'a *pas* forcément d'importance, pourvu qu'on les retienne toutes.
Dans ce cas, il est possible de placer ces notions dans un ordre qui facilite leur mémorisation en ne retenant que la, ou les, premières lettres. Cela de manière à former un sigle facilement mémorisable.

Exemple: une leçon sur le camouflage dont le résumé s'énonce ainsi: pour réaliser un bon camouflage, il faut agir sur 5 facteurs:
— détruire la forme de l'objet;
— faire attention à dissimuler les ombres portées;
— éviter les mouvements qui attirent l'attention;
— éviter les éclats dus aux reflets du soleil (sur les pièces métalliques, les verres...);
— assortir la couleur de l'objet à celle du fond pour éviter le contraste de couleur.

De ce résumé, j'extrais 5 mots clés: «forme - ombre - mouvement - éclat - couleur». Combinées entre elles, les initiales de ces mots forment le sigle «FOMEC» particulièrement évocateur du camouflage («faux mec»).
Pour renforcer la mémoire, je peux traduire ce sigle en dessin (figure 2). Par exemple, il représentera un soldat sur lequel est inscrit «FOMEC»:
— à la gueule tordue (forme détruite);
— dont le pied gauche fait de l'ombre au soleil (ombre);

FIGURE 1 : UN DESSIN MNÉMOTECHNIQUE BAROQUE

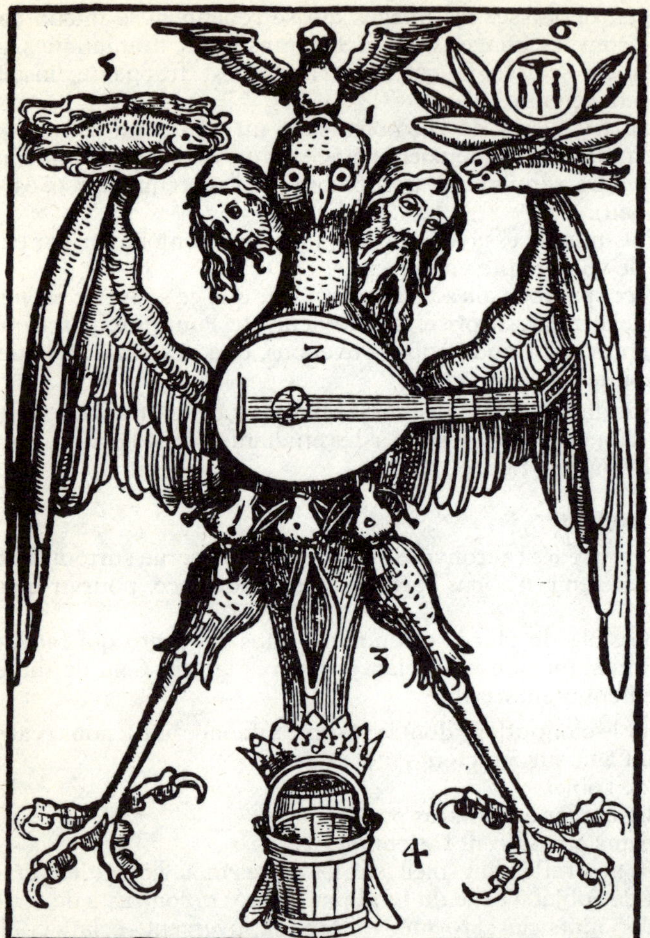

Prima ymago johannis (Première figure pour l'Évangile de Jean). D'après l'édition de l'*Ars memorandi* de 1502.

A la tête de l'aigle qui symbolise saint Jean, la Sainte Trinité illustre le premier chapitre; la guitare qui est sur la poitrine représente les noces de Cana et les trois bourses les vendeurs chassés du temple du chapitre 2; au-dessous, un sexe de femme, schématiquement représenté, rappelle la question que Nicodème pose à Jésus au chapitre 3; le seau et la couronne qui sont entre les pattes de l'aigle rappellent le chapitre 4; le poisson de l'angle supérieur gauche désigne le chapitre 5, et les cinq pains et les deux poissons de l'angle droit, la Multiplication des pains du chapitre 6.

— dont le bras gauche fait des mouvements (mouvement);
— dont le bras droit tient des jumelles qui brillent au soleil (éclat);
— dont, enfin, le pied droit trempe dans un pot de peinture rouge (couleur).

FIGURE 2 : LES PRINCIPES DU CAMOUFLAGE VISUALISÉS SELON L'ACRONYME FOMEC

Autre exemple, très utile au lycéen et à l'étudiant. C'est la «méthode des quatre éclairages» enseignée par mon collègue et ami Pierre Lemaître et que j'ai exposée dans *L'écriture créative*, p. 127.

Pour bien analyser et comprendre l'énoncé d'un sujet, il faut (et il suffit) de répondre dans l'ordre aux 4 questions suivantes:

— son domaine;
— ses limites;
— son problème (central);
— la demande (du professeur).
Cela donne le sigle: «DLPD» soit: «Des ailes, pédé!»
Je n'ai plus qu'à représenter un homme, efféminé comme un angelot, en train de survoler un énoncé avec sa petite paire d'ailes, avec inscrit le sigle capital «DLPD» (figure 3).

FIGURE 3: LES 4 QUESTIONS À POSER POUR BIEN ANALYSER UN SUJET SELON LA FORMULE «DLPD» (DES AILES PÉDÉ)

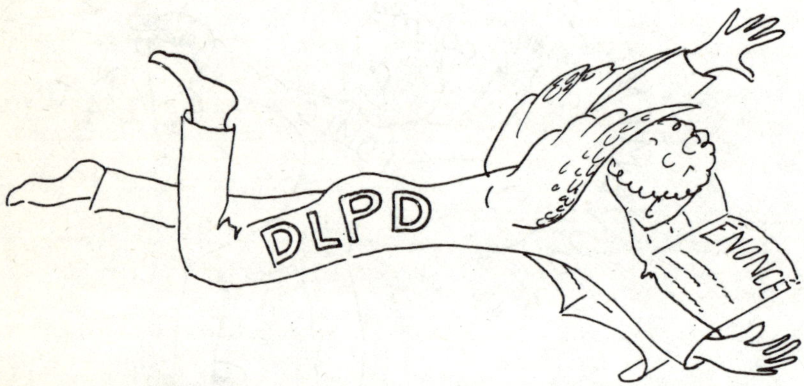

La mémoire auditive et ses conditions

En général — et en moyenne — la mémoire visuelle est meilleure que la mémoire auditive. Mais ce principe comporte certaines exceptions quant aux personnes et quant aux matières.
Certaines personnes, notamment les cerveaux qui fonctionnent bien sur le «mode gauche», peuvent avoir une bonne mémoire auditive. Mais cela suppose de fait une bonne collaboration du «cerveau droit». Dans l'écoute de la musique, c'est le cerveau gauche qui est sensible au rythme et le cerveau droit qui est surtout sensible à la mélodie. Ces deux capacités jointes nous rendent capable de retenir un air de musique. Avec ou sans paroles. Tout le monde peut faire l'expérience sur lui-même: nous retenons mieux une poésie qu'un texte en prose. Pour renforcer la mémoire, il est donc indispensable de transformer le texte à retenir en un texte musical, ou quasi musical; poétique ou quasi poétique...

Cela signifie que le texte comportera un certain nombre de figures de style telles que: répétitions, allitérations (reprise de la même consonne), assonances (reprise de la même voyelle), oppositions, métaphores, etc. C'est ce qui explique que nous retenons bien ces exemples classiques:
— «Marignan: 1515» (un nombre à répétition);
— «Mais où est donc Ornicar?»: les sept conjonctions de coordination: *Mais, où, et, donc, or, ni, car* (une phrase «baroque»);
— «Bijoux, cailloux, choux, genoux, hiboux, joujoux et poux»... les pluriels irréguliers en *oux* qui prennent un *x* au lieu d'un *s* (une phrase musicale).
En pratique, pour bien retenir sur le mode auditif-verbal, vous devez rassembler vos mots clés en une belle phrase, bien sonore et quasi poétique, dont le rythme et la sonorité seront les gages de votre mémoire.

Trois, chiffre magique de la mémoire

Dans son livre *Le cerveau et la pensée* (Retz), le psychologue Charles Furst a une image éclairante sur la mémoire dont il est facile de se souvenir. Comparez, dit-il, votre cerveau au versant d'une colline. A la première pluie, l'eau ruisselle puis s'écoule en fonction des accidents et de la pente du terrain. Il n'en reste pratiquement rien. Du moins en apparence. Pourtant la seconde pluie va retrouver les passages utilisés par la première pluie: elle va les réutiliser pour former les mêmes rigoles, et donc *confirmer* la présence de ces passages privilégiés vers le bas de la pente... Mais la troisième pluie va fixer définitivement ces rigoles et ces ruisseaux; cela en *creusant* le terrain pour en faire des rigoles et des ruisseaux permanents. Dès lors le terrain conserve la «mémoire» de la pluie.
D'où son slogan: *Trois, le chiffre magique de la mémoire.* Face à l'information à retenir, agit d'abord notre mémoire à très court terme. C'est une «mémoire de travail» qui ne dure guère plus qu'une quinzaine de secondes. Par exemple, le temps nécessaire pour composer un numéro de téléphone à partir de l'annuaire. Mais si la ligne est occupée et que nous voulons rappeler, nous nous apercevons que nous avons oublié le numéro, car les 15 secondes ont été dépassées...
Pour que cette mémoire immédiate se transforme en mémoire à moyen ou long terme — pour qu'elle soit «engrammée» dans le cerveau, c'est-à-dire qu'elle y laisse une trace — il faut des opérations supplémentaires d'*accueil*, de *transfert*, et surtout de *réactivation*.

En pratique: réviser les notes trois fois

Qu'est-ce que cela signifie en pratique, que ce soit à l'école ou dans la vie? Essentiellement que les notes doivent être revues trois fois pour être bien mémorisées.

Première révision ou révision immédiate
Quand on a pris des notes pendant une heure ou plus, l'esprit a tendance à être saturé. Et un sentiment de découragement s'ensuit: «Jamais je n'arriverai à retenir tout cela!»

N'y cédez pas! Simplement, vous avez besoin de prendre un peu de recul: ce qui est parfaitement normal. Après une nécessaire coupure, revenez rapidement sur vos notes *dans la journée.* Le mieux est souvent de une à quatre heures plus tard, de toutes façons: avant la nuit. Car il vous faut saisir la première opportunité de laisser travailler inconsciemment votre cerveau pendant la nuit. Car maintenant que vous avez l'ensemble de vos notes, vous pouvez y jeter un regard global, avec plus de recul, et déterminer ce qui est essentiel et mérite d'être retenu. Donc cette relecture visera à déterminer vos *points clés à retenir.*

Matériellement, cela consiste à relire vos notes, la plume à la main: stylo, mais aussi: crayon de couleur, ou marqueur, ou surligneur.
D'abord, tant que votre mémoire est fraîche, complétez le texte par tout ce que vous n'avez pas eu le temps de noter sur le moment: rectifiez l'orthographe; complétez les mots inachevés; rajoutez les phrases ou les idées manquantes...

Ensuite, hiérarchisez vos idées en les mettant graphiquement en valeur: soulignez vos titres une fois, ou deux fois, selon leur importance; soulignez ou surlignez les mots clés dans le texte même.
Enfin, en face, ou à la suite, du texte de vos notes, prévoyez une synthèse de ces mots clés sous forme visuelle: un schéma, un dessin, une configuration de mots... Dessin que vous essayerez de «photographier» visuellement. Ou encore: transformez vos mots clés en sigle, ou acronyme, ou slogan bien rythmé et bien évocateur, que vous confierez à votre mémoire auditive... Après l'accueil, vous avez ainsi organisé le transfert.

Deuxième révision: quelques jours plus tard
Quelques jours ou quelques semaines plus tard, regardez vos notes à nouveau, comme on feuillette un album. Regardez le titre de la leçon et, en cachant le reste, essayez de retrouver le contenu.
Si cela marche, tant mieux. Si cela ne marche pas, voyez les éléments qui ne remontent pas à la mémoire ou qui sont cause d'erreur, et reprenez-les au besoin. Connaissant les causes d'erreur ou de lacune, vous pouvez ajouter des éléments de transfert plus précis.
Une explication à partir d'un exemple personnel. Soit à retenir le numéro de ma voiture: 5678 NS 92. Je décompose ce numéro en trois parties: 92 le numéro du département que je connais déjà par cœur. Les deux lettres NS que j'identifie aux initiales connues «Notre Seigneur» (qui flattent mon amour-propre!). Reste les 4 chiffres qui ont la propriété de se suivre.
Malheureusement au premier rappel, je restitue «6789» au lieu de «5678». J'en conclus qu'il manquait un élément de transfert pour décider entre ces deux nombres. Je rajoute donc l'idée que «Notre Seigneur est en position basse». Cette idée de «Seigneur humble» me permet désormais de mémoriser ce numéro minéralogique sans défaillance, après une légère correction de la méthode de transfert.

Troisième révision: juste avant le moment utile
Maintenant, juste avant le moment où je vais avoir besoin de me souvenir, je vais repasser rapidement mes notes. C'est l'élève ou l'étudiant avant l'examen; c'est le cadre avant une réunion; c'est le professeur ou le conférencier avant son discours.... Cette révision a pour but de «creuser le sillon» qui assurera la mémoire définitive, ou presque.
Ce sera essentiellement un survol, ne portant que sur l'essentiel de l'essentiel. La leçon, par exemple, replacée dans l'ensemble du cours et non considérée isolément. Le discours de l'orateur réduit à 4 ou 5 points clés... A ce stade, il ne s'agit plus d'apprendre sa leçon, mais, comme on dit, de la réviser, de la «repasser»: simplement de s'assurer qu'on maîtrise bien les grandes structures et quelques détails clés.

En Résumé
Visualiser, associer, dramatiser, réviser: tels sont les 4 mots clés de ce chapitre consacré à la mémoire. A titre d'exercice, je vous propose de créer une formule mnémotechnique pour bien les retenir.

Premier exemple: «Vis — As — Drap — Ré»
Cela donnerait une *vis*, vissée dans une carte à jouer représentant un *As*, posée sur le *drap* d'un lit *rayé*.
Deuxième exemple: «Visa — Drame — rêve»
C'est un «*visa* pour le pays du *drame* en *rêve*». Visuellement on pourrait représenter une sorte de passeport sur lequel on écrirait «Visa pour le drame en rêve».

Si votre prise de notes, à partir d'une source écrite ou orale, vise à la mémorisation, il est excellent de:
1. constituer un résumé sous forme de mots clés;
2. concentrer encore ce résumé sous forme d'un slogan, d'un sigle, d'une formule frappante;
3. visualiser cette formule sous forme d'un dessin, le plus émotionnel et dramatique possible;
4. réviser au moins trois fois.

Votre formule: le «visa pour le drame en rêve» sera la clé de la mémorisation.

Avez-vous du mal à retenir ces quatre points?
Voici une dernière formule, celle des «4 R»:
— rendre visuel;
— relier au déjà connu;
— renforcer par le sentiment;
— réviser trois fois.
(Je vous laisse le soin de créer le visuel correspondant.)

Conclusion : quatre cerveaux pour mémoriser

L'excellence des procédés des Anciens est confirmée par la théorie neurologique moderne, nous l'avons déjà souligné plusieurs fois. Mais je pense que cela devient plus évident encore en utilisant la grille des 4 cerveaux d'Herrmann : pour bien mémoriser, il faut utiliser *tout* son cerveau, c'est-à-dire ses 4 cadrans (figure 4).

— A. le cortical gauche doit déterminer les *mots clés* de manière logique et rationnelle ;

— B. le limbique gauche doit les rattacher à un *ordre* connu, facilement mémorisable (logique ou historique, sinon mnémotechnique) ;

— D. le cortical droit doit transformer ces éléments logiques en images les plus insolites et baroques possibles ;

— C. cela de manière à provoquer des sentiments particulièrement mémorisables grâce au limbique droit.

FIGURE 4 : UNE BONNE MÉMOIRE AVEC 4 CERVEAUX

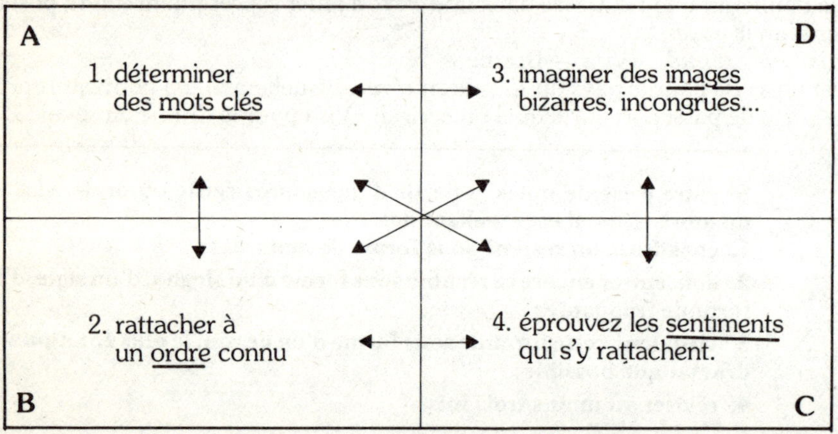

Ainsi les 4 cerveaux auront collaboré à ce travail de mise en mémoire. Et non pas un seul. Dès lors, le moment venu de se souvenir, la mémoire pourra revenir par l'un des 4 cerveaux, *au choix*, et non pas par un seul, et cela d'autant mieux que chaque cerveau peut aider l'autre.

Ainsi, selon les circonstances, ce sera tantôt la logique des mots clés qui fera surface ; ou celle de l'ordre choisi. Ou encore ce sera l'image incongrue, ou enfin le sentiment assez violent qui s'y rattache. Mais nous aurons ainsi 4 « fils » pour tirer au lieu d'un seul. Et ces 4 fils s'aideront mutuellement pour faire remonter *tout* le contenu.

DEUXIÈME PARTIE

LA PRISE DE NOTES EN RELATION AVEC L'ORAL

Prise de notes
professionnelle
Grilles et comptes rendus

Noter
pour prendre
la parole

CHAPITRE VII

Prise de notes professionnelle : grilles et comptes rendus

Autant que dans la vie étudiante, dans la vie professionnelle, la prise de notes est une pratique constante :
— noter avant, pendant, et après un contact téléphonique ;
— noter avant de rédiger une note, un rapport, une lettre ;
— noter un canevas avant de prononcer une intervention, un discours ;
— noter avant, pendant et après un entretien, une réunion ;
— noter ses propres réflexions pour éclaircir ses idées sur une question, préparer un travail, prévoir un emploi du temps...

Comment font les gèns

— Certains notent sur n'importe quel support, et dans le désordre complet.
— Certains, à l'inverse, notent de manière très stricte sur un cahier personnel ou des fiches rigoureusement structurées à l'avance.
— La prise de notes dans un désordre voulu peut favoriser la créativité et l'expression personnelle, donc la production d'idées neuves et de textes créatifs. Mais elle peut en revanche être très difficile à relire et présenter des redites ou des lacunes regrettables...
— A l'inverse, la prise de notes très stricte aura les défauts et les qualités inverses.
Aussi, il semble, dans la pratique de la vie, plus indiqué d'essayer de combiner les deux approches au moyen d'instruments souples que sont les grilles. Elles stimulent et canalisent la pensée, sans pour autant la stériliser. Si on a pu les préparer, ces grilles peuvent être remplies du premier coup.
Différées, elles constituent un bon moyen de réviser ses notes en les spatialisant sous forme synthétique.

Sans vouloir épuiser ce vaste sujet, je vous propose deux axes de réflexion :
— Un certain nombre de grilles générales, toujours utiles à connaître et utilisables « tous azimuts ».
— Le problème spécifique de la prise de notes en cours de réunion, visant notamment à la rédaction de comptes rendus.

Des grilles pour accueillir la pensée sur la page

Le «QQOQCCP»

Depuis Cicéron et Quintilien, il n'y a pas plus universel que cette grille des 7 questions. Tout le monde devrait la savoir par cœur. Formule mnémotechnique: «Cucul haut, cul c'est... c'est pet!» (Pour la retenir, forgez-vous une belle image, bien grossière, de la scène... que vous imaginez!).
La formule développée s'énonce: «Qui (fait) quoi, où, quand, comment, combien et pourquoi.»
1. Qui? renvoie aux *personnes* impliquées dans votre sujet. Il peut se décliner en: pour qui? avec qui? contre qui?...

2. Quoi? renvoie à la *chose* même, au sujet d'étude.

3. Où? renvoie aux questions de *lieu*, c'est-à-dire de localisations dans l'espace. Il peut se décliner en: d'où? pour où? par où? etc.

4. Quand? renvoie aux questions de *temps*, c'est-à-dire au déroulement chronologique du sujet étudié: avant, pendant, après; hier, aujourd'hui, demain; à court terme, à moyen terme, à long terme; la date, le jour, l'heure.

5. Comment? renvoie à la manière de faire: aux modes opératoires, aux instruments, aux outils, aux accessoires...

6. Combien? renvoie aux quantités mises en jeu. C'est une question à croiser souvent avec toutes les autres: combien de personnes? combien d'objets? combien de lieux? combien de temps? Mais aussi une question spécifique: combien d'argent?

7. Pourquoi? C'est une question à double face en raison de son ambiguïté en français oral, et même écrit.
Pourquoi (en un seul mot) renvoie à la *cause*. Exemple: «Pourquoi je suis tombé dans la rue? Parce que j'ai glissé sur une peau de banane.»
Pour quoi (en principe en deux mots) renvoie au *but*, au motif, au mobile psychologique des acteurs. «Pour/quoi je suis tombé dans la rue? Parce que j'étais sorti pour faire des courses.»

Remarques pratiques

Ces questions peuvent être disposées en colonnes, les réponses venant à la suite sur la ligne considérée (voir figure 2).
Ces questions, plus librement, peuvent être disposées en étoile (voir figure 1).
Ces questions peuvent être, dans bien des cas, *croisées entre elles*. Notamment les *pourquoi* et les *comment*: «pourquoi où? comment où? pourquoi qui? comment qui?» etc.

En pratique ces 7 questions sont particulièrement utiles pour faire le premier tour d'un sujet, pour le «débroussailler», pour faire venir les idées quand on est «sec»... Certes, elles ne le «construisent» pas, ne le structurent pas dans un plan global. Mais elles constituent parfois un grand pas en avant. Car, placées dans un ordre convenable, ces questions peuvent constituer un plan pertinent de rédaction, au moins dans 3 domaines.
— L'article journalistique qui vise simplement à rapporter un événement. Exemple: fait divers.
— Dans l'entreprise: un procès-verbal d'un événement (accident, incident...).
— Dans la vie courante: l'annonce d'une manifestation, d'une réunion...

Exemple:
Quoi? Une réunion.
Avec qui? Les participants.
Où? Le lieu, ses accès.
Quand? La date, l'horaire.
Pourquoi? Le but, l'ordre du jour.
Comment? Les modalités pratiques.
Combien? Les coûts, les tarifs...

Autant de réponses qui feront l'objet d'un paragraphe distinct, repérable par son titre, dans une note structurée.

Exercice

Le schéma ci-contre m'a effectivement servi à commencer mon travail de réflexion sur ce livre à partir de ma seule mémoire.
Maintenant que ce livre est écrit, parcourez rapidement sa table des matières.
— Vérifiez que cette grille a bien servi de canevas aux différents chapitres.
— Retrouvez l'ordre des questions que j'ai finalement choisi pour exposer le sujet.
(Sans corrigé.)

FIGURE 1 : LES 7 QUESTIONS DISPOSÉES EN ÉTOILE

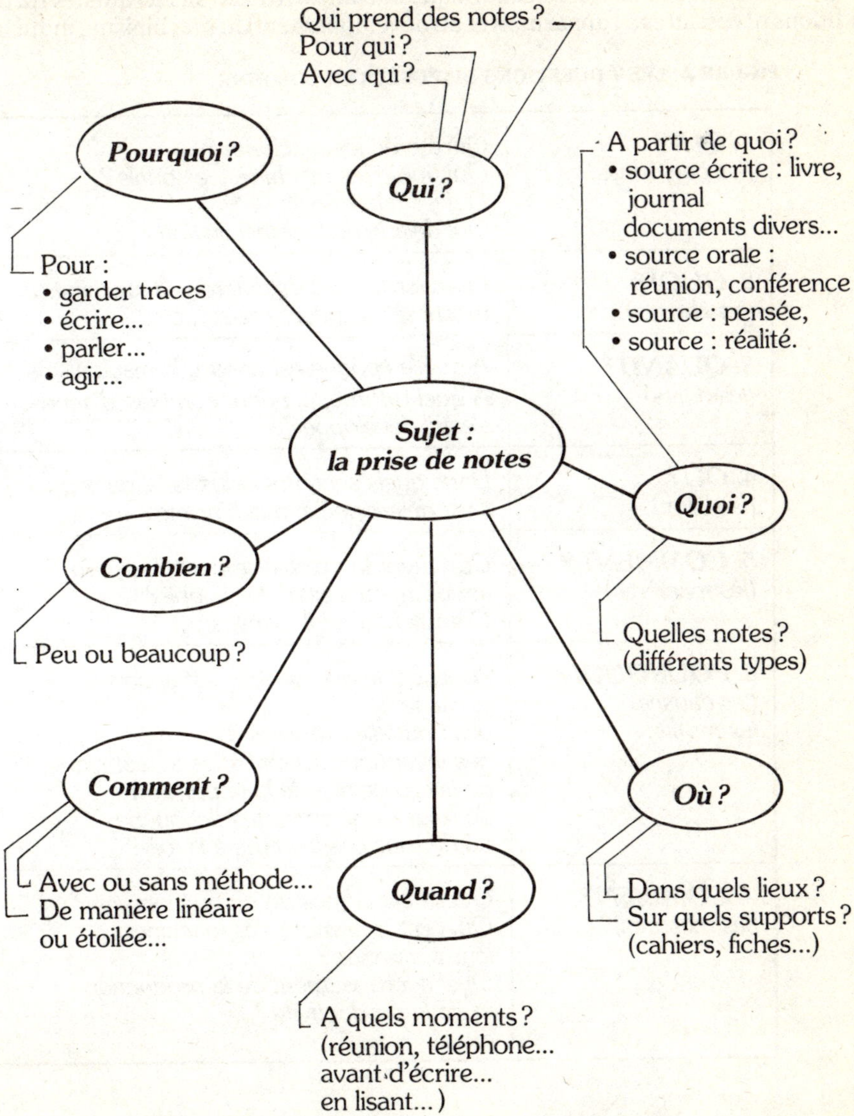

APPLICATION A UN SUJET D'HISTOIRE ÉCONOMIQUE

Soit à traiter le sujet d'histoire économique suivant: « Au XIXe siècle, quelles furent les conditions nécessaires à l'apparition et au développement du machinisme industriel ? »

FIGURE 2: LES 7 QUESTIONS DISPOSÉES EN COLONNE

1. QUI ? *(les personnes)*	*Qui a créé les machines ?* *Qui utilise les machines, les outils ?* *Qui les fabrique ?* *Qui décide de leur installation ?*
2. QUOI ? *(les choses)*	*Le machinisme, les différentes machines : machine à vapeur, à tisser, etc.*
3. QUAND ? *(les dates)*	*A quelle époque est apparu le machinisme ?* *A quel rythme, pendant combien d'années s'est-il développé ?*
4. OÙ ? *(les lieux)*	*Dans quels secteurs industriels, dans quels pays s'est développé le machinisme ?*
5. COMMENT ? *(les manières)*	*Comment le machinisme est-il apparu et comment s'est-il développé ?* *Comment s'est-il manifesté ?*
6. POURQUOI ? *(les causes, les motifs)*	*Pourquoi le machinisme est apparu ?* *A cause :* *des nouvelles sources d'énergie ?* *des inventions scientifiques et techniques ?* *de la croissance de la population ?* *de l'existence de vastes débouchés ?* *ou de tous ces facteurs à la fois ?*
7. COMBIEN ? *(les mesures)*	*Quelle est la mesure du phénomène ?* *Quel est le nombre des machines, leur puissance ?* *Quel accroissement de la production et de la productivité ?* *etc.*

La grille des 8 aspects : CETOCSIC

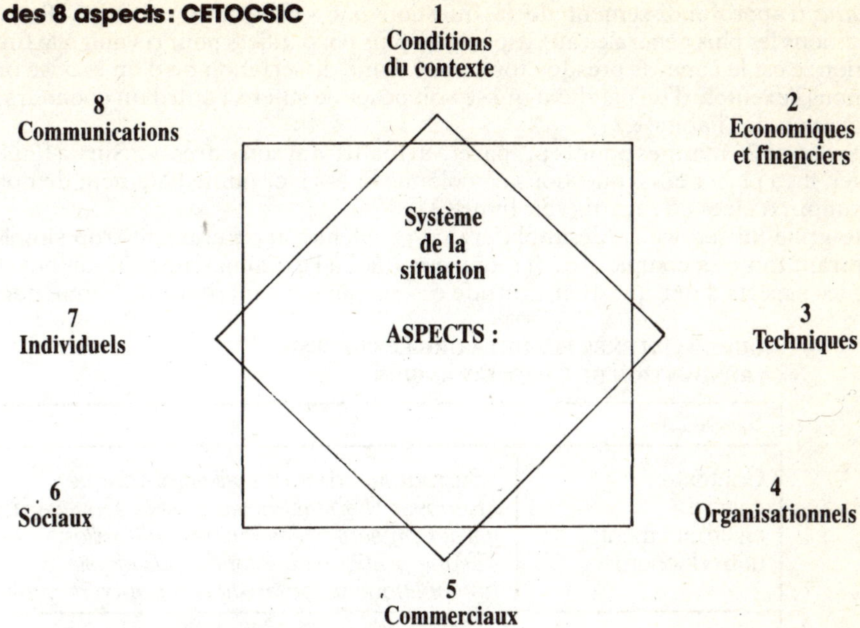

1 - Contexte : environnements physique et humain des activités...
2 - L'argent : coûts, prix rentabilité, marges...
3 - Les procédés : méthodes, moyens, machines...
4 - L'organisation : structure, répartition des tâches, autorité...
5 - Les clients : marketing, produits, qualité, quantité...
6 - La sociologie : groupes, institutions...
7 - Les psychologies : connaissances, aptitudes, motivations...
8 - Les communications : circulation de l'informatique, relations, formation...

NB : On peut croiser ces 8 facteurs avec les **points de vue** de chacune des différentes personnes, ou groupes humains en cause.

Cette grille a 2 grands champs d'application.
— En situation scolaire ou universitaire, elle permet d'abord de faire venir beaucoup d'idées en peu de temps; ensuite elle permet de s'assurer qu'aucun aspect essentiel n'a été oublié. Cela, notamment, sur les sujets de «culture générale» qui devraient mobiliser des connaissances provenant, non pas *d'une seule* discipline, mais de *plusieurs*. C'est le cas, en particulier, des sujets d'examens et de concours de haut niveau, à l'écrit comme à l'oral.
— Dans la vie pratique, notamment dans l'entreprise, elle permet de «faire le tour» d'une question complexe, seul ou en groupe, cela en «désimplifiant» les affaires qui apparaissent trop simples...
Vous remarquerez que ces 8 différents aspects suivent un ordre de progression *assez*

logique d'approfondissement de la question par «balayage» successif. Il va des conditions les plus générales aux aspects les plus particuliers pour revenir à la fin vers l'action: c'est le canevas presque tout tracé d'une dissertation ou d'un exposé oral.
Prenons l'exemple d'un candidat qui se voit poser ce sujet à l'oral d'un concours: «La rénovation de l'habitat».
Il dispose de 20 minutes pour le préparer, en maîtrisant son «stress»... Sur sa feuille de papier, il va placer ces 8 questions en colonne et essayer immédiatement de noter le maximum d'idées en regard (voir figure 3).
Cette grille lui servira à «désimplifier» ce problème, apparemment trop simple, en montrant toute sa complexité... Il montrera aussi à l'examinateur qu'il sait envisager *tous* les aspects d'une question, attitude essentielle pour mériter une bonne note.

FIGURE 3: UN EXEMPLE DE LA GRILLE CETOCSIC:
LA RÉNOVATION DE L'HABITAT ANCIEN

8 aspects	
Contexte : culture environnement (introduction)	- *Surtout au cœur des villes (historique).* - *Rénover l'habitat ancien c'est le sauvegarder : garder présentes ses racines culturelles.* - *D'une pratique spontanée individuelle à une politique volontariste des pouvoirs publics.*
Economie	- *Plus coûteux que le neuf (délicat).* - *Moins coûteux que le neuf (récupération, bonne situation en ville).*
Technique	- *A la fois :* - *retrouver des techniques anciennes (harmonie, unité),* - *intégrer des techniques modernes (confort : électricité, gaz, ascenseurs...).*
Organisation	- *Ministère du logement (directives)* - *Municipalités.* - *Promoteurs privés - Stés éco-mixtes.* - *ANAH (agence gouvernementale).*
Commercial	- *Subventions officielles ANAH.* - *Achat de blocs de logement.* - *Revente "au détail" par promoteurs publics, privés ou mixtes.*

Social	*- Plus : maintien population traditionnelle.* *- Moins : exode des pauvres vers banlieues, exode des PMI/commerces de luxe.*
Individuel Psychologique	*- Comment faire accepter aux locataires ?* *- Aux propriétaires existants ?* *- Lutte contre les ghettos (immigrés).* *- Revitalisation quartiers anciens (centre).*
Communication (Conclusion)	*- Sauvegarder environnement historique (sites classés), architecture d'accompagnement (style imposé mais intérieurs modernes).* *- Une politique de longue haleine délicate, mais nécessaire, qui doit être expliquée à toutes les parties prenantes.*

Les grilles scientifiques : IMMRID ET OPÉRA

Ces grilles sont indispensables dans le domaine scientifique et technique. Mais elles seraient fort utiles dans des domaines de la vie courante pour voir les problèmes avec... plus d'objectivité !
Elles peuvent servir, soit à accueillir les paroles ou les écrits des autres, soit à exposer clairement ses idées aux autres. Ce sont les canevas quasi obligés des publications scientifiques et/ou techniques.

I comme Introduction (intérêt, but)
M comme Matériel utilisé
M comme Méthode utilisée
R comme Résultats obtenus
I comme Interprétation de ces résultats
D comme Discussion sur la portée et les limites de toute l'expérience et applications possibles.

O comme Observations faites
P comme Problème posé à leur sujet
E comme Expérimentation effectuée (matériel, méthode)
R comme Résultats obtenus (et leur interprétation)
A comme conséquences pour l'Action.

La grille technique : «SPRI»

Cette grille relève aussi de la pensée scientifique expérimentale. Elle vise à traiter tout sujet sous forme de problème à résoudre. Elle est particulièrement utile pour éclaircir les idées au cours d'une réunion de résolution de problème en groupe, ou pour soi-même.
C'est aussi un bon guide pour la rédaction de rapports, de notes, d'articles de fond, de lettres d'affaires...
— Matériellement, on peut tracer une grande croix qui divise la page en 4 carrés égaux: on a ainsi une vue synoptique. On inscrit le sujet en haut (ou au centre) et on complète les cases à mesure que les idées arrivent.
— Cette grille peut servir aussi à lire et à débrouiller un sujet complexe et/ou mal exposé.

Situation, problème, résolution, information
Telles sont les 4 parties qui permettent de *structurer* n'importe quelle question en texte. Réciproquement, elles permettent de *destructurer* tout texte (tant soit peu bien construit) en quatre parties. Enfin, de *restructurer* un texte mal fichu, qu'il soit de soi ou d'un autre.
Vous avez remarqué que le sigle de ces quatre mots fait le mot français «esprit», (chose impossible en anglais). Car devant les quatre lettres centrales on peut ajouter une introduction: l'«Entrée en matière», et à la fin, une «Terminaison». On a ainsi le mot «*esprit*» au complet.

Cette méthode SPRI découle directement de la méthode générale de résolution de problème (en anglais: *problem-solving*). Et cette dernière découle elle-même des travaux des psychologues de la *Gestalt-theorie* (psychologie de la forme) qui ont quitté Berlin pour les Etats-Unis après l'avènement du nazisme.
C'est en effet eux qui, parmi les premiers, ont défini l'intelligence comme «l'aptitude à résoudre les problèmes». Et qui ont étudié expérimentalement l'aptitude des animaux et des hommes à résoudre les problèmes. Les expériences les plus connues sont celles de Kohler, aux Canaries, avec le chimpanzé Sultan. C'est eux aussi qui ont montré comment, très souvent, à un problème donné, la solution émergeait brusquement dans un «éclair d'illumination» (*insight* en anglais). Nous savons aujourd'hui que c'est le mode de fonctionnement du cerveau droit.

Mais c'est eux aussi qui ont montré l'importance de bien poser le problème avant de le résoudre. Cela en quatre temps:
1. observer soigneusement la situation, se documenter (préparation);
2. comprendre pourquoi et comment un problème émerge de cette situation (imprégnation);
3. découvrir une méthode de résolution (illumination);
4. valider cette méthode en l'appliquant de manière pratique (préparation de l'action).

De fait, ce modèle de cheminement de l'esprit créatif du problème vers la solution peut — simplifié — devenir le modèle de l'explication de cette solution une fois trouvée, aux autres (que ce soit par oral ou par écrit).
Et il est facile de vérifier que tout texte bien construit suit, peu ou prou, ce schéma.
Dès lors, à propos de n'importe quel texte, il suffit pour en *résumer* l'essentiel, de répondre aux quatre questions suivantes:
quelle Situation? quel Problème? quelle Résolution de principe? quelle Information (ou application)[1]. La figure 4 donne l'exemple d'une conférence prise selon la grille SPRI.

FIGURE 4: *Auteur : Micheline Flack*
Livre : ***Le yoga à l'école.*** *(Epi)*
Prof. anglais lycée Condorcet, Paris.

S *Elèves fatigués après cours. Inattention.*
Chahut. Enseignants déprimés.

P *Quel remède ?*

R *Découverte du yoga à titre personnel.*
Idée de l'appliquer au cadre scolaire.
Beaucoup d'enseignants comme "clients".

I *- YOGA (sanscrit) = union, lien/TOUT*
Science de l'être humain total
- Sources : Inde + Egypte, Celtes.
- Mode ? Non : besoin vital.

4 lois *1. Globalité :corps / esprit.*
Monde : extérieur / intérieur.
2. Chaque être : parcelle du grand Tout.
3. Le monde : forces centripètes/centrifuges.

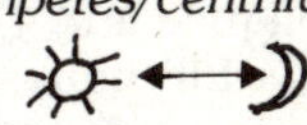

4. C'est l'intéraction des deux forces → évolution.

Maîtrise de la concentration :
1 Endormi (larve)
2 Fluctuante (singe ivre)
3 Concentré → action précise
4 Fusion intime de moi et moi-même.

Exercices simples
(réalisés avec la salle).
- gymnastique "douce" sans forcer ni faire mal
≠ gymnastique occidentale.

---

1. Voir *La méthode SPRI*, Retz, 1983.

La grille d'engagement: PEPER

A l'inverse des grilles scientifiques précédentes qui poussent à l'objectivité (cerveau gauche) et qui modèreront les cerveaux un peu trop «droits», voici une autre grille qui concourt au processus inverse: elle pousse à *l'engagement* au nom des principales valeurs suivantes.

P comme Politique — idéologie
E comme Esthétique — sensible
P comme Philosophie — métaphysique
E comme Ethique — morale
R comme Religieux

— Formule mnémotechnique: PEPER, c'est-à-dire «poivre» en anglais (pensez que vous envenimez le débat en le saupoudrant de poivre qui va irriter les adversaires!).

— Cette grille vous sera utile si on vous demande franchement votre opinion, si on vous demande de prendre parti le plus possible.
A contrario, appliquée à la pensée des autres comme grille de lecture, elle aide son auteur à prendre conscience des présupposés idéologiques de ceux qu'il écoute ou qu'il lit. Ce qui, dans un second temps, lui permettra de formuler une critique par écrit ou oral.

La grille d'Herrmann

La grille d'Herrmann a été vue au chapitre 2. Vous pouvez l'appliquer à beaucoup de questions dans le but de les structurer et de les clarifier. Vous en avez des exemples tout au long de ce livre. En voici d'autres.

Analyse de la qualité
Voici une nouvelle version appliquée aux 4 versions de la qualité en général, mais appliquée ici à la qualité des écrits. Elle nous servira à annoncer la deuxième partie de ce livre (figure 5).

Application très générale
Cette grille permet, par exemple, de dresser un tableau synoptique des valeurs humaines, des parties de la philosophie qui les étudient, et des grands domaines de la connaissance (figure 6).

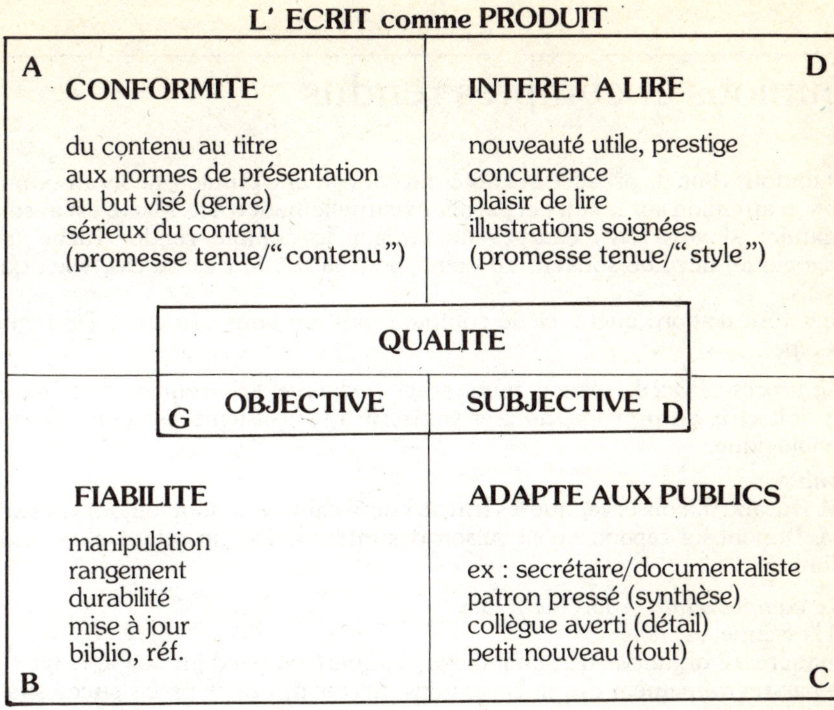

FIGURE 5 : LA QUALITÉ DES ÉCRITS

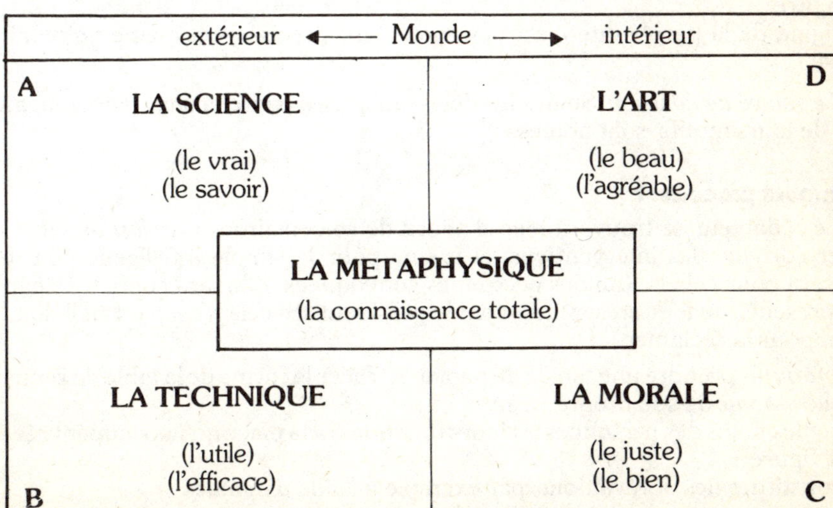

FIGURE 6 : TABLEAU D'ENSEMBLE DES CONNAISSANCES HUMAINES

Réunions et comptes rendus

Il est toujours bon de prendre des notes au cours d'une réunion, ne serait-ce que pour fixer son attention sur le sujet et garder éventuellement trace. Mais c'est absolument obligatoire si vous êtes chargés de rédiger le compte rendu. Tâche (réputée pédagogique) dévolue souvent au «petit nouveau»... Si c'est le cas, voici quelques conseils.

Sachez tout d'abord quel *type* de compte rendu on vous demande. Distinguons-en trois types.

— Le *procès-verbal* de séance, si une trace *juridique* de la réunion doit être gardée. Tout doit être, en principe, noté et transcrit à la troisième personne dans l'ordre chronologique.

Exemple:

— M. Durand fait observer que les travaux de la cantine ne sont toujours pas achevés.

— M. Dupont lui répond qu'en raison des intempéries, un retard d'un mois est à déplorer, etc.

— Le *compte rendu* proprement dit:

Seul l'essentiel est noté.

La matière est organisée de manière *thématique* (soit pendant, soit après).

Cela par regroupement des interventions autour de sujets précis successifs munis d'un titre.

L'origine de la parole dite n'est pas forcément précisée, ou même volontairement omise.

— *Le relevé de décision.* Seules les décisions prises par le groupe, accompagnées ou non de leurs motifs, sont notées.

Comment procéder?

— Le rédacteur se trouvera bien d'abord de se constituer un *plan de table* s'il doit noter l'origine des interventions, et même pour la simple intelligence du débat. Il utilisera pour cela la liste des personnes convoquées. Elle sera confirmée par l'appel des présents, ou leur présentation par le président. (Si cela n'est pas fait il doit lever la main pour la réclamer.)

En pratique: prendre une feuille de papier et tracer la forme de la table de réunion telle qu'elle est *vue* de son propre siège.

Placer les noms des personnes (et leurs fonctions) à la place qu'ils occupent réellement (voir figure 7).

Se constituer des abréviations, par exemple à l'aide d'initiales.

FIGURE 7 : EXEMPLE DE PLAN DE TABLE A RÉALISER EN DÉBUT DE RÉUNION

REUNION DU 17/4/1986 sur "QUALITE DES REUNIONS".

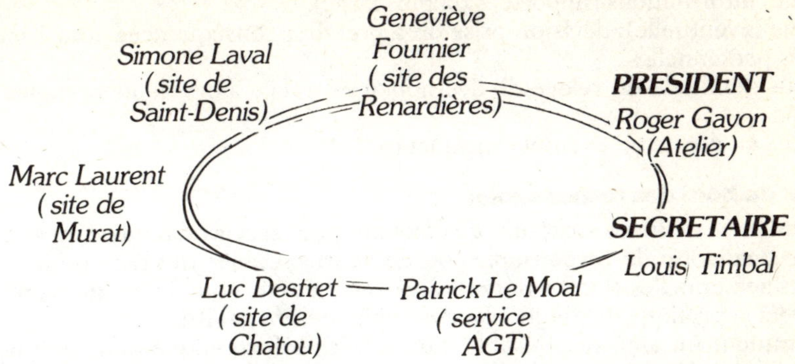

FIGURE 8 : PRISE DE NOTES EN COLONNES

Réunion - date - lieu - objet			
Classement	***Participants***	***Informations***	***Réflexions ou Décisions***
1 cantine	*P.J. F.A. P.J. F.A.*	*Les travaux de la cantine sont en retard. C'est dû aux intempéries et c'est regrettable. Demande accélérer travaux. O.K.*	*Instructions à donner au service travaux.*
2 Bât. B	* P.J. F.A. P.J. F.A.*	*2e sujet : ordre du jour : **Travaux Bât. B** La peinture de la salle 33 est de mauvaise qualité. S'en étonne. Précise : pas conforme au cahier des charges. Cas litigieux. Demande supplément infos auprès de l'entreprise Duval.*	*Enquête à prévoir pour prochaine séance.*

— Les notes seront prises par exemple sur une feuille à 4 colonnes.
1re colonne (la marge): classement.
2e colonne: initiale des intervenants.
3e colonne: informations rapportées (la plus large).
4e colonne (éventuelle): décision prise ou à prendre, conséquences pour l'action ou réflexions personnelles.
Si on vous demande un relevé de décision, il est facile alors de ne recopier que la 4e colonne.
La figure 8 en donne un exemple succinct (p. 101).

Le carnet de bord des responsables

Ce type de prise de notes structuré en colonnes peut servir de modèle au «cahier de bord» de beaucoup de responsables ou de cadres. Cahier qui rassemble à la fois réflexions personnelles et informations diverses tirées du courrier ou de réunions. On retrouve ici la pratique du «logbook» des capitaines de navire.
Voici comment un ami, responsable d'un service informatique dans une usine de mécanique, m'a décrit le sien.
«Je prends un cahier à spirales du commerce; mais je l'ouvre à l'envers pour avoir la marge à droite. Je divise chaque page par un trait vertical. D'un côté, je mets les informations reçues. En face, les réflexions ou décisions d'action. Quand l'affaire est résolue, je fais une croix dans la marge. Je suis sûr ainsi de ne rien oublier d'important et de pouvoir programmer ces différentes actions par ordre de priorité.» (figure9).

FIGURE 9: LIVRE DE BORD D'UN RESPONSABLE

date	*informations*	*réflexions et actions*	*fait*
23/6	*G.L. : pannes nombreuses sur l'imprimante A4*	*- Passer les voir*	*x*
23/6	*Duval est promu directeur adjoint*	*- Féliciter (carton)*	
24/6	*Prévoir calendrier vacances avant fin mai*	*- En charger ma secrétaire (imprimé)*	*x*
25/6	*B.D. : 3 fois en retard sans motif*	*- Lui en parler*	*x*
28/6	*Livre : **L'ordinateur personnel***	*- A commander secrétariat*	*x*

A titre d'exemple, voici une très belle note de synthèse, réalisée par un ingénieur nucléaire d'EDF à la suite d'une longue réunion de planification de travaux d'études.
Bien entendu, il s'agit d'une mise au net de notes spontanées en 2 colonnes: actions (cerveau gauche); objectifs (cerveau droit).

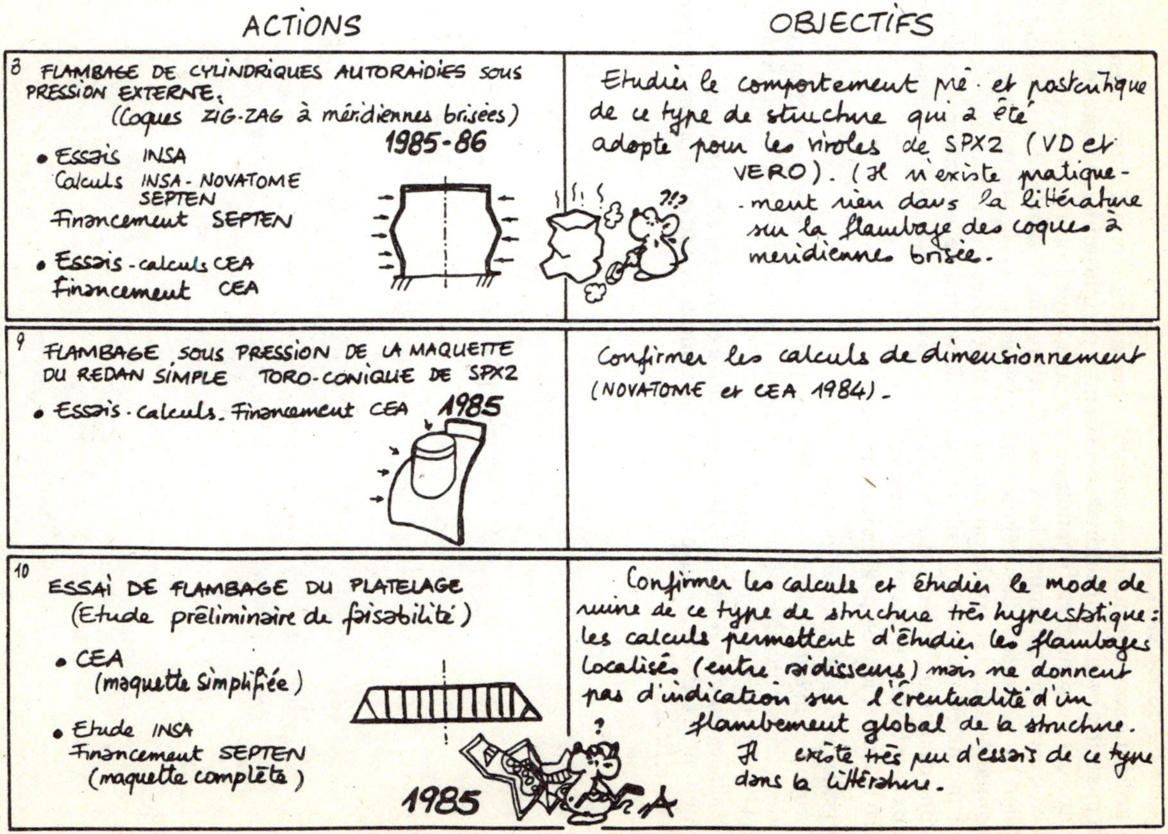

ACTIONS	OBJECTIFS
8 FLAMBAGE DE CYLINDRIQUES AUTORAIDIES SOUS PRESSION EXTERNE. (Coques ZIG-ZAG à méridiennes brisées) 1985-86 • Essais INSA Calculs INSA - NOVATOME SEPTEN Financement SEPTEN • Essais - calculs CEA Financement CEA	Etudier le comportement pré- et postcritique de ce type de structure qui a été adopté pour les viroles de SPX2 (VD et VERO). (Il n'existe pratiquement rien dans la littérature sur le flambage des coques à méridiennes brisée.
9 FLAMBAGE SOUS PRESSION DE LA MAQUETTE DU REDAN SIMPLE TORO-CONIQUE DE SPX2 • Essais. Calculs. Financement CEA 1985	Confirmer les calculs de dimensionnement (NOVATOME et CEA 1984).
10 ESSAI DE FLAMBAGE DU PLATELAGE (Etude préliminaire de faisabilité) • CEA (maquette simplifiée) • Etude INSA Financement SEPTEN (maquette complète) 1985	Confirmer les calculs et étudier le mode de ruine de ce type de structure très hyperstatique: les calculs permettent d'étudier les flambages localisés (entre raidisseurs) mais ne donnent pas d'indication sur l'éventualité d'un flambement global de la structure. Il existe très peu d'essais de ce type dans la littérature.

En guise de conclusion...

Ces grilles ne sont que quelques exemples parmi beaucoup d'autres possibles. Elles ne sont pas faites pour contraindre la pensée mais pour la guider. Adaptez donc ces grilles à votre cas personnel en fonction de vos buts. Inventez-en d'autres. L'avantage des grilles, c'est qu'elles stimulent la pensée, l'ordonnent, la clarifient, la poussent à ne rien oublier. A l'inverse, elles réguleront, apaiseront, et limiteront une pensée trop *foisonnante:* tous les cas où on aurait trop de choses à dire ou à noter...
Leur mérite est de faire travailler l'esprit mieux qu'il ne le ferait spontanément. Car, comme disait Paul Valéry: «Les méthodes sont des procédés extériorisables qui font, mieux que l'esprit, le travail de l'esprit.»
Entre le trop et le trop peu: la juste mesure.

Ces grilles peuvent servir à un double but:
— préparées *avant* l'écoute (ou la réflexion personnelle), elles permettent d'accueillir les idées dans un cadre structuré et donc de clarifier à mesure une pensée ou une parole qui ne l'est pas trop naturellement;
— réalisées *en différé* après la première prise de notes: elles synthétisent la pensée, permettent la rédaction claire d'un éventuel compte rendu et favorisent la mémoire et l'action efficace.

CHAPITRE VIII

Comment noter pour parler en public

Comment noter efficacement dans le but de prendre la parole en public? Exposé, conférence, cours, réunion: les occasions ne manquent pas dans l'enseignement, comme dans la vie...
Vous trouverez cette rubrique développée en détails dans tout bon manuel d'expression orale. Aussi je me borne ici, pour être complet, à ne donner que quelques principes et conseils issus de ma pratique.

1er cas:
l'orateur a entièrement rédigé son discours avant de parler et le lit intégralement

Avantages pour l'orateur: plus de crainte de trou de mémoire, gain d'assurance. Plus d'improvisation, donc la garantie de l'exactitude de ses termes, soigneusement mûrie. C'est très important dans un discours «politique» où les adversaires risquent d'exploiter la moindre formulation ambiguë ou malheureuse, la moindre hésitation, le moindre murmure de la salle... Mais inconvénients pour le public: le discours lu est très souvent assommant à entendre et il provoque l'assoupissement! A moins que l'orateur ait subi une formation spéciale à la diction auprès d'un spécialiste du Conservatoire ou de la radio.
Dans tous les cas, pour ne pas rester le dos courbé vers vos papiers et donc la voix mal dirigée, vous aurez pris la précaution de faire dactylographier votre discours en grosses lettres, au moyen du caractère ORATOR, le seul prévu à cet effet, et lisible à une distance supérieure à 50 cm (c'est aussi le seul caractère qui convient pour fabriquer des transparents lisibles à plus de 5 m).
En pratique, c'est seulement lorsque ces 4 conditions sont réunies qu'un discours entièrement lu peut être écouté sans déplaisir:
— un pupitre (et un micro) adapté;
— un texte composé en phrases courtes et sonores;
— un texte frappé en ORATOR;
— un conférencier bien entraîné et sûr de lui.
Si ce n'est pas votre cas, évitez de vous y mettre!

EXEMPLE DU CARACTÈRE ORATOR GRANDEUR NATURE

RHONE-POULENC

ATOUT MAITRE DE LA BIOLOGIE FRANCAISE

RÉUNION DE SYNTHÈSE

DIVISION SANTÉ

RHÔNE-POULENC S.A.

15 AVRIL 1982

2e cas inverse:
l'orateur improvise complètement

Avantage pour l'auditoire: il est le plus souvent spontané, vivant, intéressant, et même parfois passionnant... Inconvénient pour l'orateur: il se met à la merci d'un trou de mémoire, du bafouillage, du verbiage... Il risque d'être trop court, ou — plus souvent — beaucoup trop long! Et surtout, son discours a peu de chances d'être bien structuré: tantôt il sautera des idées qu'il avait jugées importantes de dire; tantôt il reviendra en arrière en tournant en rond, exaspérant ses auditeurs par ses redites et le «flou artistique» de sa pensée...
Ainsi, sauf cas particuliers, ces deux techniques extrêmes ont des avantages et des inconvénients inverses; mais elles sont — autant l'une que l'autre — sources de risques qu'il vaut mieux ne pas prendre...

3e cas médian:
l'orateur parle à partir de simples notes

C'est pourquoi, les spécialistes recommandent le plus souvent le cas intermédiaire: parler à partir d'un canevas écrit, volontairement non entièrement rédigé. Mais des variantes nombreuses sont possibles en fonction de la disposition de la salle, du type d'intervention, du genre de discours et de la nature de l'auditoire.

Distinguons trois cas courants

L'orateur parle de sa place ou intervient *debout*, brièvement, sans accessoires, au cours d'une réunion, manifestation ou cérémonie.
Il peut alors tenir dans sa main un carton (allant de la taille d'une carte de visite à celle d'une carte postale), facile à manipuler d'une seule main, et à tirer de la poche de sa

veste (ou du sac à main). Sur ce carton, il notera un maximum de 5 parties plus quelques mots clés pour chacune d'elles. S'il doit faire des citations exactes, il les mettra sur d'autres fiches (avec un numéro de renvoi). À chaque fois, une fiche lue passera dans l'autre poche, ou au dernier rang du paquet. Dans ce cas, les notes seront une assurance contre les trous de mémoire et le non respect du plan et de l'horaire. Connaissant en effet le temps total imparti, il vous est facile de prévoir un minutage, noté en marge de chaque partie, qui vous servira de régulateur de parole.

L'orateur dispose d'une *table*, ou, mieux, d'un pupitre pour poser ses notes, avec ou sans micro. Dans ce cas, il utilisera des feuilles volantes, au format commercial, écrites d'un seul côté, qu'il fera glisser l'une derrière l'autre à mesure de son exposé. Selon les cas, ces notes seront plus ou moins fournies, et les citations à lire directement incluses, à leur place, dans ce plan détaillé (lui aussi minuté).

L'orateur dispose *d'accessoires audiovisuels*. Il peut alors les utiliser directement comme mémento pour son discours.
— *Tableau de papier* (paper-board): il apporte (ou prépare sur place avant la séance) son canevas écrit en gros sur plusieurs feuilles de ce papier, chacune correspondant à une partie. Il dévoile les feuilles à mesure de son discours, commentant verbalement les points successifs. Il peut aussi noter en tout petit, au crayon, les indications pour lui-même (minutage par exemple).

— *Rétroprojection:* ce sont les transparents, rangés dans le bon ordre, qui constitueront le fil même de son discours. Dans ce cas, il a intérêt à noter en marge sur le rabat des transparents [1] (ou sur des feuilles intercalées) les passages de son commentaire qui ne font pas l'objet d'une indication portée sur le transparent. Pour rendre l'exposé plus net et plus didactique, il a aussi intérêt à différencier, par un graphisme identique et voyant, les transparents qui forment les titres des différentes parties: couleur, grosses majuscules, encadré, etc.
Même principe pour les diapositives légendées, sauf que l'orateur est, ici, dans le noir.

— *Diapositives non légendées:* le conférencier a intérêt à noter ses points clés sur une ou plusieurs feuilles de papier. Et à se munir d'une lampe électrique pour pouvoir lire sans avoir à rallumer la salle à chaque fois. Pour bien faire les choses, il sollicitera même deux aides: une personne pour éteindre et allumer la salle, une autre pour manœuvrer l'appareil, si ce dernier n'est pas automatique. Il pourra alors, sans perdre de temps, se consacrer au seul commentaire, accompagné ou non d'une désignation précise à l'écran, au moyen d'une perche ou d'une flèche lumineuse. S'il groupe les diapos en 3 ou 4 séquences séparées, il peut faire rallumer, la salle pour les parties verbales.

1. Il s'agit de pochettes transparentes, vendues par la société 3 M comportant de chaque côté 2 rabats blancs opaques sur lesquels on peut noter.

En résumé, la réussite d'une prise de parole en public dépend de la maîtrise de nombreux facteurs, dont un seul peut, souvent, faire capoter l'affaire... En pratique, plutôt que d'énumérer tous ces facteurs, le meilleur conseil qu'on puisse donner est de vous rendre personnellement sur les lieux avant le début de la séance pour vérifier que tout est bien en place, tout fonctionne, tout est dans le bon ordre, et que des détails «bêtement matériels» ne compromettront pas au dernier moment une prestation préparée avec soin de longue date.
Ici, la forme de prise de notes pour parler doit être totalement subordonnée aux conditions matérielles de la salle, aux circonstances et au public.

TROISIÈME PARTIE

LA PRISE DE NOTES ENTRE LECTURE ACTIVE ET ÉCRITURE EFFICACE

Bien noter
c'est avoir déjà à moitié rédigé

Lecture active
Résumé, note de synthèse
Commentaire composé
Dissertation
Exemples

CHAPITRE IX

Lecture active et prise de notes

Dans toutes les opérations de l'esprit
qui font appel à un mécanisme
il faudrait donner une prime à la vitesse
(Alain)

Alors que les paroles s'envolent, les écrits restent. Celui qui note à partir d'une source orale est souvent très dépendant de la linéarité instantanée de la parole: si le parleur a annoncé son plan au début, il pourra, certes, mieux déterminer son but et organiser sa prise de notes en fonction de lui. Reste que c'est loin d'être toujours le cas: le noteur est alors souvent gêné, ne sachant pas trop si ce qu'il entend est important ou pas...
A l'inverse, le texte est *permanent:* celui qui note aura tout le temps de s'en faire une idée globale d'abord, cela de façon à concevoir une *stratégie* de prise de notes mûrement réfléchie, et donc bien plus efficace.
C'est là un grand avantage de la source écrite, mais à condition d'avoir appris à concevoir et à appliquer de telles stratégies.
C'est le but de cette dernière partie.

Lire et écrire dans toutes les matières

«Savoir lire, n'est que le moyen de *savoir utiliser ce qu'on lit.* Ceci n'est pas une observation banale. Trop souvent on lit passivement et mécaniquement. On croit que cela suffit pour profiter de sa lecture. Quand on ne comprend pas, on abandonne, ou on relit tout aussi machinalement. On croit avoir *acquis des idées,* alors qu'on n'a fait que parcourir des *mots.*
Le grave défaut de l'enseignement, c'est de séparer la lecture de toutes les autres disciplines. Savoir lire, c'est apprendre à profiter au maximum des textes qui ne sont *pas seulement littéraires,* mais encore historiques, géographiques, scientifiques, et aussi politiques, économiques et sociaux.»
C'est par cette juste observation que R. Hagnauer entame son petit livre: *Les joies et les fruits de la lecture* (Editions ouvrières).

Non ce n'est pas une observation banale! Nous en avons chaque jour la preuve. Demandez à un élève qui étudie, ce qu'il fait.

S'il travaille en français, il vous répondra: «Je *lis* un texte de Voltaire pour *écrire* un commentaire de texte.»
Mais s'il s'agit de sciences, il est probable qu'il répondra: «Je *fais* un problème de *géométrie*, j'*étudie* une leçon *d'optique*...»
Autrement dit: au seul français sont associées les *activités* de lire et d'écrire. Les autres disciplines évoquent un *contenu* (géométrie, optique), associé à une activité vague: *faire, étudier*...

Ce que les élèves perçoivent mal c'est que ce *faire*, cet *étudier*, n'est en fait toujours constitué que de deux mêmes activités qualifiées, à tort, de littéraires: lire et écrire.
Qu'est-ce que *faire* des maths, sinon lire et écrire?
Qu'est-ce que *faire* de la physique, sinon lire et écrire?
Evidences, que tout cela?
Pas tellement. Au dernier conseil de classe de seconde auquel j'ai participé, le professeur de physique se plaignait de ce que les élèves rataient leurs problèmes de physique «parce qu'ils ne savaient pas *lire* l'énoncé»!

Dans la vie active, c'est pareil. Quand je demande à des ingénieurs-chercheurs de définir leurs principales activités, tous répondent en chœur: nous *faisons* de la recherche, nous *étudions* des problèmes. Et c'est pour eux une révélation quand je leur affirme que lire et écrire constitue leur activité principale: celle qui occupe plus de 50 % de leur temps, enquêtes à l'appui.

Lire, noter, écrire

Deuxième prise de conscience, tout aussi capitale que la première: lire et écrire ne sont pas des activités séparées. Mais des activités intimement liées: indissociables. Mieux encore — de même qu'écouter et parler — lire et écrire doivent être considérés comme *deux faces d'une seule et même activité*. Cela, tant il est vrai qu'il s'agit d'un phénomène dialectique: l'émission (écrire) contrôlant la réception (lire) et réciproquement.
De fait, bien lire, c'est très souvent lire le crayon à la main, c'est-à-dire écrire: prendre des notes.
Réciproquement, bien écrire dépend tant de la capacité que nous avons à bien lire les autres, qu'à bien relire, dans nos premiers jets, ce que nous avons écrit.
De là découle, pour notre propos, une conséquence capitale: *aucun progrès n'est à attendre dans l'écriture qui ne soit lié à un progrès parallèle dans la lecture.*
Cette liaison cachée, mais fondamentale, entre lire et écrire a un nom: c'est la prise de notes.
C'est elle qui techniquement «fait le pont» entre ces deux activités fondamentales. Et donc qui assure leur progrès mutuel et réciproque.
Ce chapitre se propose d'approfondir les différentes techniques de lecture; c'est d'elles que découleront les techniques de prise de notes qui leur sont liées (voir figure 1).

FIGURE 1 : AU COURS DE L'ÉCRITURE : UN PERMANENT VA-ET-VIENT

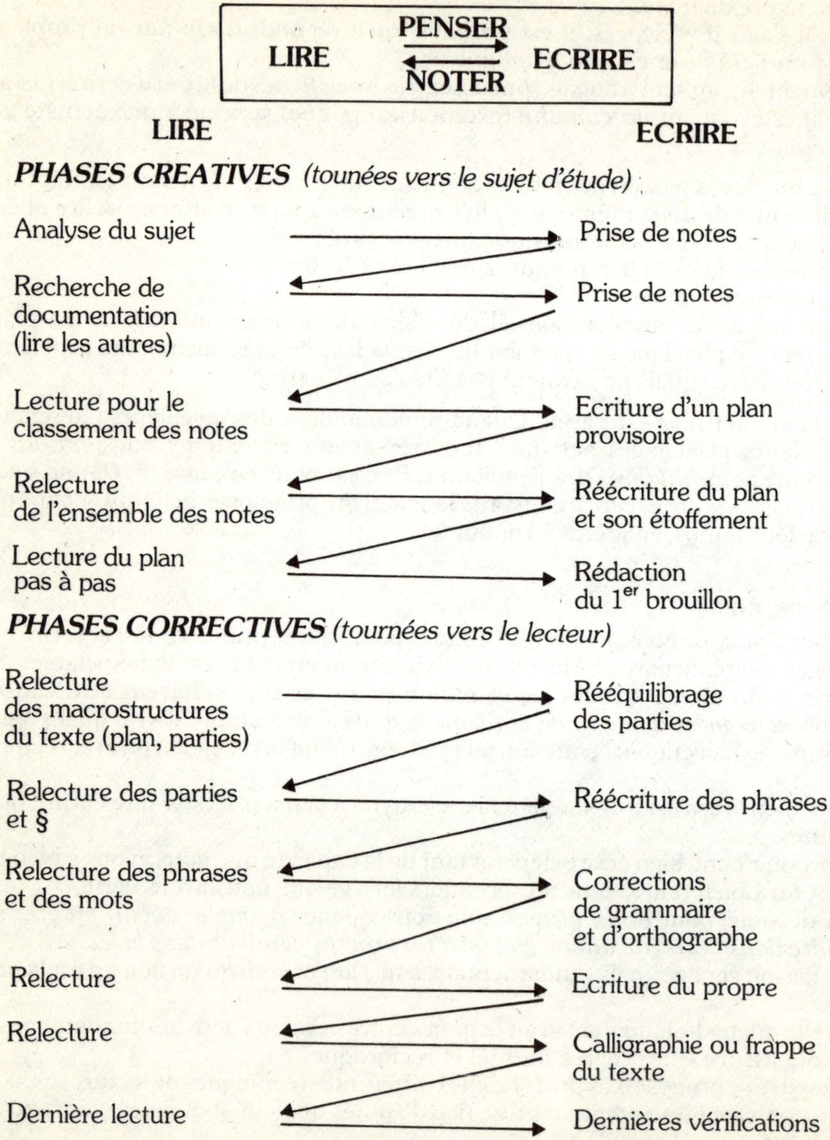

La lecture rapide, active

Depuis 100 ans, la science a progressé. Car nous savons aujourd'hui comment l'œil fait pour lire.
Grâce au cinéma et autres appareils d'enregistrement, nous savons aujourd'hui ce fait incroyable: contrairement aux apparences, l'œil ne suit pas régulièrement la ligne imprimée, mais procède par *sauts discontinus*, par *bonds!* Autrement dit, l'œil n'est pas une «caméra» qui peut filmer en bougeant; c'est un «appareil photo» qui ne peut fonctionner que s'il est fixe (sinon la photo est floue). Sans probablement le savoir, ce que vous faites en ce moment peut être résumé ainsi: votre œil a lu cette ligne en faisant 3 ou 4 fixations de 1/4 de seconde, séparées par des bonds d'1/40e de seconde. A chaque fixation, il n'a pas lu lettre par lettre, mais «photographié» ensemble un paquet d'un, deux ou trois mots... Si vous avez éprouvé une difficulté, votre œil est reparti en arrière (c'est ce qu'on appelle faire une *régression*), puis est reparti en avant (figure 2). Cette simple observation a d'énormes conséquences.

FIGURE 2 : L'ACTE DE LECTURE : INEFFICACE ET EFFICACE

1. Bonds successifs de l'œil pendant l'acte de lecture.

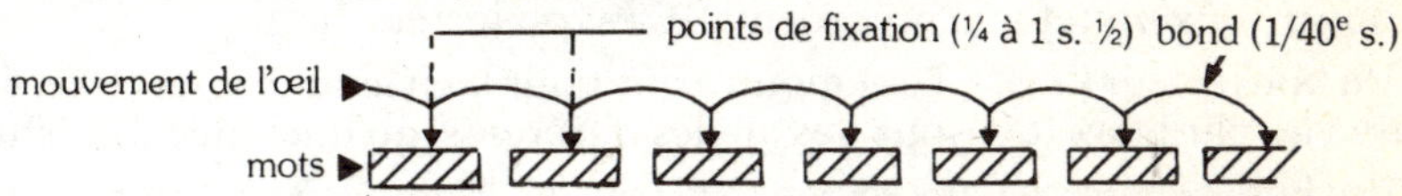

2. Exemple des mauvaises habitudes d'un lecteur lent : les mots sont épelés un à un. L'œil repart en arrière inconsciemment ou consciemment.

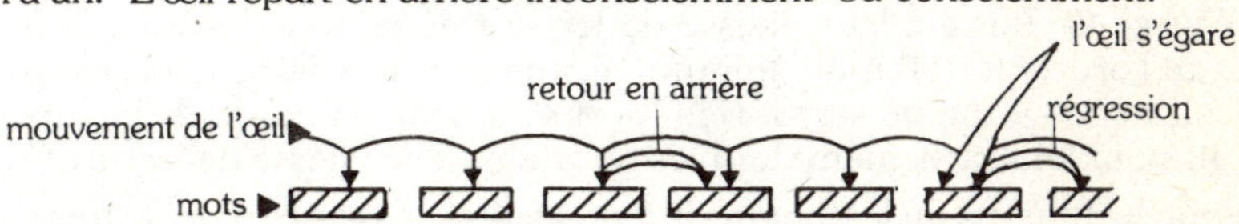

3. Mouvements de l'œil au cours d'une lecture efficace. L'œil enregistre davantage de mots à chaque fixation. Il évite les retours en arrière, les régressions et les distractions.

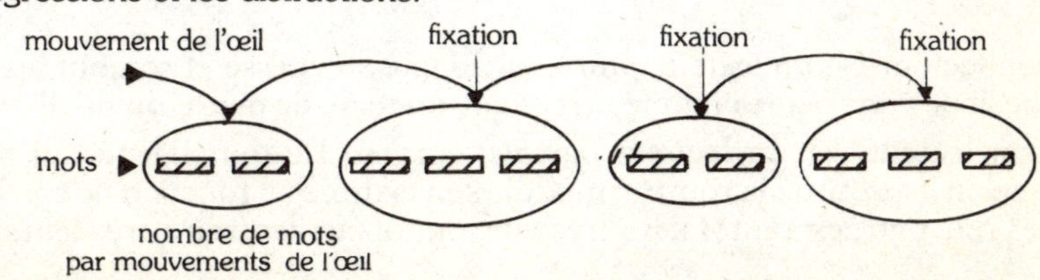

Exercice
Comment l'œil lit

Matériel: un vieux journal, des ciseaux et un volontaire.
Découpez au milieu du journal une fenêtre d'environ 10 cm de côté. Demandez à votre cobaye de lire sans s'occuper de rien d'autre.

Exécution: par la fenêtre, observez le mouvement de ses yeux: ils procèdent bien de manière discontinue.
N.B. Si vous possédez une caméra vidéo, filmez ce mouvement et repassez-le au ralenti: c'est encore plus spectaculaire.

Avec un chronomètre, vous pourrez aussi vérifier, avec différentes personnes, que celui qui lit vite ne bouge pas plus vite les yeux (mais embrasse plus de mots à chaque fois).

— Un lecteur rapide n'est pas un lecteur qui bouge plus vite les yeux. C'est celui qui, à chaque fixation, embrasse du regard *plus de mots.* C'est celui qui va hardiment de l'avant *sans régresser,* pariant que la difficulté se résoudra d'elle-même par la lecture des mots *suivants* (et non précédents). C'est un lecteur hardi.

— Un bon lecteur lit *vite.* Tout montre que pour bien assimiler un texte, il vaut mieux le lire vite plusieurs fois, sous des angles différents, qu'une seule fois lentement.

— Un bon lecteur est un lecteur *visuel;* en lisant il ne prononce pas les mots consciemment ou inconsciemment. Beaucoup de lecteurs médiocres sont des lecteurs lents parce qu'ils veulent prononcer à mi-voix le texte. C'est ce qu'on appelle *subvocaliser.* Ce faisant, leur vitesse de lecture ne pourra dépasser leur vitesse de parole, de l'ordre de 100 mots minute. Si, au contraire, ils se débarrassent de cette subvocalisation — qui ne sert à rien — et adoptent un mode de lecture purement visuel, ils pourront facilement doubler ou tripler leur vitesse de lecture.

— Un bon lecteur est un lecteur *actif.* Il ne se laisse pas porter par le texte comme un bouchon au fil de l'eau. Avant d'attaquer la première ligne, il interroge le texte, et il s'interroge pour savoir ce que le texte peut lui apporter. Il refuse de lire s'il ne voit pas ce que le texte peut lui apporter. Dans le cas inverse, il sait *quoi* lire: il lit avec un *but* précis.

— Un bon lecteur est un lecteur *pluriel:* il adapte sa vitesse et son but au *genre* du texte. Il ne lit pas un poème comme un roman, un texte de maths ou un dictionnaire...

— Un bon lecteur est un lecteur *flexible:* comme l'automobiliste qui ralentit et accélère selon le profil de la route, il module son rythme en fonction de son but et des difficultés rencontrées: tantôt il ira très vite, tantôt, au contraire, très lentement...

Je ne puis ici en dire plus. Ce que je vous souhaite, c'est de connaître et surtout de pratiquer les techniques de lecture rapide (ou active, ou dynamique, ou efficace : c'est la même chose). Vous avez pour cela d'excellents manuels et d'excellents stages (voir bibliographie).

Techniques de lecture efficace

4 types de lecture pour 4 visées

Le bon lecteur est un lecteur pluriel : selon la nature du texte et son but, il choisira la technique de lecture la plus appropriée.
Pour fixer les idées distinguons, dans un premier temps, 4 grands types de lecture en utilisant la grille d'Herrmann (figure 3).
Dans un deuxième temps, on peut décrire un éventail plus élevé de techniques précises. Certaines sont très très voisines les unes des autres et font double emploi en pratique : on les emploiera au choix.

FIGURE 3 : LES 4 PRINCIPAUX MODES DE LECTURE SELON LA GRILLE D'HERRMANN

LES MODES DE LECTURE

OBJECTIVE	SUBJECTIVE
A ANALYTIQUE LECTURE OBJECTIVE DE RECHERCHE CONSULTATION *ex : annuaire guide manuel pratique.*	D PAR PETITES DOSES DANS LE DESORDRE ou selon une thématique personnelle (Browsing) *ex : journal, recueil de poèmes.*
LINEAIRE TOTALE DE A à Z *ex : communication scientifique ou technique, essai.* B	LECTURE REACTIVE GLOBALE "VISCERALE" PAR IDENTIFICATION/ PROJECTION héros/méchant *ex : roman feuilleton.* C

3 temps et 9 techniques de lecture efficace (explication du schéma ci-contre)

① *Première lecture de survol* (ou lecture de recherche documentaire)
But: savoir si le texte vaut la peine d'être lu en détail et/ou conservé.
Moyens: prendre conscience de sa longueur générale, de sa division en grandes parties. Lire les titres, éventuellement résumé, introduction, conclusion. S'interroger. Si le texte est intéressant, poursuivre sa lecture en tout ou en partie.

TECHNIQUES DE LECTURE INCOMPLÈTE (avec notation sur le texte même)
But: si le texte «résiste» trop, prendre une connaissance plus approfondie du contenu.

② *Lecture sélective des mots poteaux indicateurs*
Pour un livre: titres et sous-titres. Pour le texte même: les mots chevilles qui indiquent la direction de la pensée (d'abord, ensuite, enfin, etc.), ou qui marquent ses tournants (donc, en effet, parce que...).

③ *Repérage sélectif des mots clés*
Ce sont des mots «pleins» signifiants, autour desquels gravite le sens (noms, verbes...).

④ *Lecture d'écrémage des phrases clés du texte*
En principe celles qui ouvrent et/ou ferment les paragraphes (ou les parties).

TECHNIQUES DE LECTURE COMPLÈTE (avec prise de notes sur feuilles à part)
But: bien comprendre le texte et mémoriser l'essentiel pendant et après sa lecture complète.

⑤ *Analyse du plan*
Assimiler et mémoriser tout (ou partie) du texte en s'appuyant sur sa structure, son plan général. Au besoin en le recopiant sur une feuille à part, en transformant titres «creux» en titres «pleins».

⑥ *Reformulation*
Par oral ou écrit: reformuler avec *son* propre langage, les idées essentielles de l'auteur, à soi-même ou à un autre.

⑦ *Restructuration*
Si le texte est mal structuré, ou si sa structuration ne convient pas à notre point de vue, le restructurer de manière à chercher à le faire entrer dans nos cadres mentaux en vue de notre but. Pour ces trois techniques voisines, voir *la méthode SPRI.*

⑧ *Classement documentaire*
Une bonne manière d'intégrer le texte est de le classer, mentalement ou réellement dans sa bibliothèque, ses dossiers ou son fichier personnel. Où le mettrions-nous?

⑨ *Fiche d'analyse documentaire*
Dans ce but, rédiger la fiche d'analyse du texte (fichier auteur) et/ou une ou plusieurs fiches-idées (fichier matière). (voir *la méthode SPRI,* chapitre 14).

LA LECTURE D'UN TEXTE
SCHÉMA GÉNÉRAL DE TRAVAIL EN 3 PHASES ET 9 TECHNIQUES

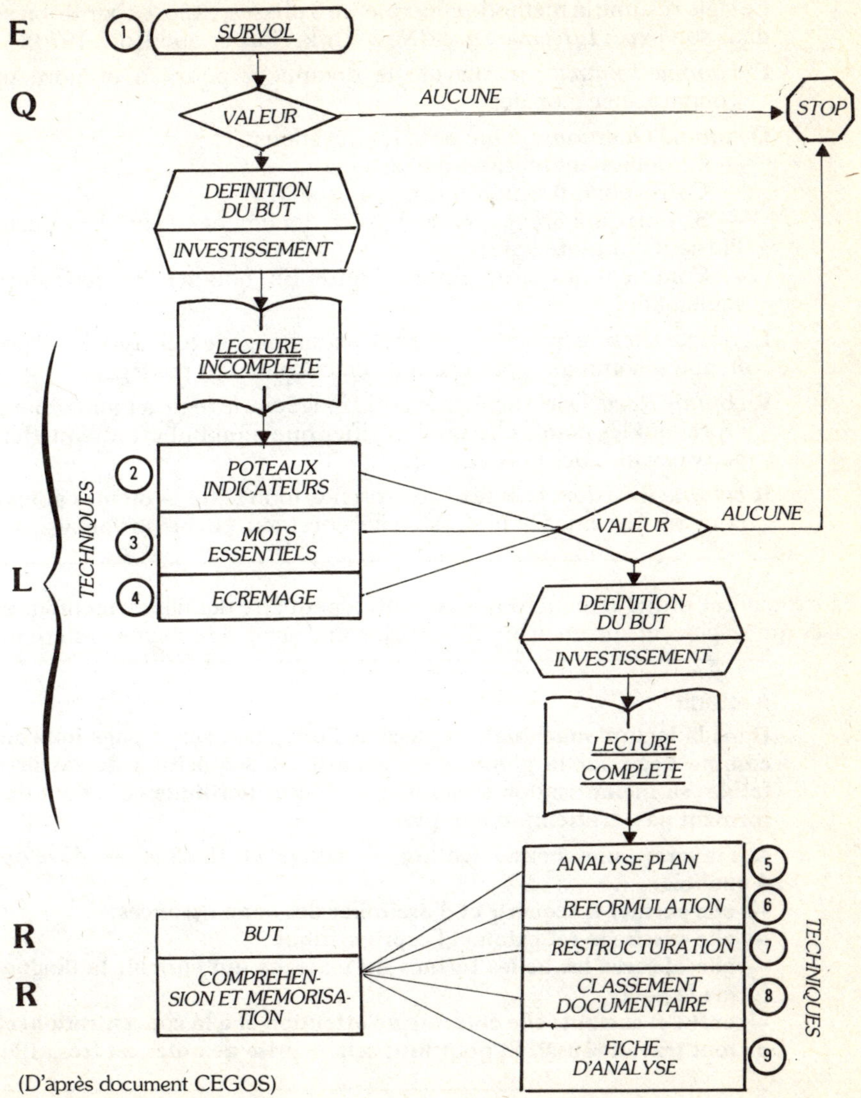

(D'après document CEGOS)

En résumé: la méthode efficace «EQLRR»

Ce sigle résume la méthode générale, en 5 phases, exposée par Robinson dans son livre: *Effective study* (New York, Harper and Row, 1970).

E *comme Enquête:* je survole le document pour en prendre une connaissance globale.

Q *comme Questions:* je me pose les questions:
— Ce document mérite-t-il d'être lu?
— Correspond-il à mon *but*, mes besoins?
— Si, oui; quoi lire de précis dans ce document? Tout? Une partie? Plusieurs? Lesquelles?
— Comment les lire? En cochant? En notant? En parcourant seulement?

L *comme Lecture* (proprement dite): accompagnée (ou non) d'une prise de notes, sommaire (par exemple en cochant des passages).

R *comme Récit:* la lecture achevée, je me récite le texte à moi-même, en reprenant les points clés pour vérifier que mon but est atteint. (Ici je peux prendre des notes au net.)

R *comme Révision:* plus tard, je reprends mon texte — ou mes notes — pour vérifier que j'ai bien assimilé, et retenu, ce que je voulais.

Ce cadre général, pratiquement toujours valable, peut être détaillé en techniques plus précises qui se placent sur un arbre de décision en forme de schéma systémique.

A retenir

Dans la lecture machinale et passive, l'œil glisse sur la page imprimée comme l'eau sur la plume d'un canard... L'acquisition de savoir est faible: sa mémorisation sera difficile. L'esprit critique et le goût ne se forment pas. L'attention non plus...

A l'inverse, une bonne lecture — active et flexible — développe 4 qualités:
— elle permet d'acquérir et d'assimiler des connaissances;
— elle suscite la réflexion et l'esprit critique;
— elle observe les belles formes du texte, ce qui enrichit la langue et forme le goût;
— enfin et surtout: elle entraîne à l'attention et à la concentration, clés de tout travail réussi. Et pour tout cela la prise de notes est très utile.

CHAPITRE X

Lecture objective structurale : résumé et note de synthèse

Le plan n'est que l'ordre et le mouvement
qu'on met dans ces pensées.
(Buffon)

La grille des 2 cerveaux appliquée à la lecture permet de poser une distinction fondamentale entre :
— une lecture à but *objectif* (mode gauche). Elle vise à assimiler la pensée de l'auteur telle qu'elle se donne dans le texte, avec le maximum d'objectivité de notre part dans la prise de notes ;
— une lecture à but *subjectif* (mode droit). Elle vise à l'inverse à réagir au texte de l'autre avec le maximum de subjectivité, et à prendre plus nettement conscience de nos réactions en les notant.

Ces deux modes de lecture sont, en fait, des pôles opposés entre lesquels nous pouvons admettre au moins une position intermédiaire, mixte, comme nous l'avons figuré dans le tableau suivant (figure 1, p. 120).

La lecture structurale pour le résumé de texte

Globalement un résumé peut avoir 2 buts : résumer pour soi-même ou pour les autres. On résume pour soi quand on veut mieux prendre conscience et se souvenir des idées d'un auteur. Et cela, soit sans but immédiat, soit pour incorporer plus tard ce résumé dans un de ses propres textes. Mais on peut aussi résumer un document pour les autres. A l'université, c'est l'exercice appelé « contraction de texte » s'il n'y a qu'*un* texte. Ou c'est la « note de synthèse » des concours administratifs, si la contraction se fait à partir de *plusieurs* documents. Ces mêmes travaux se retrouvent en entreprise :

FIGURE 1 : 3 GRANDS TYPES DE LECTURE EN FONCTION DE 3 BUTS

DOMINANTE "CERVEAU GAUCHE"	DOMINANTE MIXTE	DOMINANTE "CERVEAU DROIT"
Lecture objective pour l'action immédiate ou l'assimilation en vue de la restitution. Le but de la lecture est à l'**extérieur** de l'acte de lire. *ex. : lecture d'un annuaire, d'un mode d'emploi...* *Lecture d'un texte pour en produire un autre (résumé).*	Lecture d'information (mi-objective, mi-subjective). **Situation intermédiaire** On lit pour "accroître ses connaissances" sans but utilitaire immédiat, mais en espérant un profit à terme. *ex. : lecture d'une revue, d'un essai...*	Lecture pour le plaisir de lire (subjective). Le but de la lecture est **dans** l'acte même de lecture. *ex. : lecture d'un roman.* *Le lecteur recherche l'émotion, le dépaysement, l'identification au héros...*
	REACTIONS DU LECTEUR ENVERS L'AUTEUR DANS LA VIE...	
L'efficacité de l'action est le critère d'une bonne lecture et la récompense du travail de lecture. Si les renseignements obtenus sont faux ou pas clairs, le lecteur maudira l'auteur à bon droit.	**Situation intermédiaire :** En cas de non-satisfaction le lecteur peut, soit critiquer l'auteur, soit juger qu'il n'est pas à la hauteur, qu'il lit mal... **Une lecture structurale "SPRI" lui permettra de trancher.**	Si le plaisir et l'émotion ne sont pas au rendez-vous : rejet pur et simple du livre.
	...ET EN SITUATION SCOLAIRE	
- Lire pour apprendre une leçon et la retenir (toutes matières). - Lire un texte, en français, pour le résumer objectivement (devoir de contraction de texte).	**Situation intermédiaire :** En cas de difficulté le lecteur peut, soit critiquer l'auteur, soit juger qu'il n'est pas à la hauteur qu'il lit mal... **Une lecture structurale "SPRI" lui permettra souvent de surmonter l'obstacle.**	**En français :** - Lire un livre littéraire pour l'apprécier (ex. : roman, poème). - Lire un passage littéraire en vue de rédiger un commentaire linéaire ou composé.

résumés placés en tête des rapports, résumés rendant compte d'un document, «rapport de synthèse» destiné au patron...

Comment résumer?

La méthode classique dit, avec justesse, qu'il faut procéder en 4 temps:
1. Lire complètement le texte, une ou deux fois, pour bien s'en pénétrer, le crayon à la main.
2. Repérer les différentes parties du texte (souvent marquées par un alinéa ou un paragraphe).
3. Une par une, réduire chaque partie, en axant cette réduction sur *l'idée clé* qui la domine.
4. Réécrire en améliorant le style et l'enchaînement entre ces résumés partiels.

Une telle méthode est nécessaire pour réussir l'épreuve de résumé de texte, telle qu'elle est proposée aux examens et aux concours.

Je propose néanmoins ci-après une méthode plus précise: la méthode SPRI. Son utilisation est quadruple:
— dans tous les cas, elle permet de dégager plus vite et mieux les idées clés;
— elle permet de résumer pour soi, vite et bien, au fil de la lecture;
— à l'oral, elle convient mieux au résumé et à la reformulation (avec ou sans notes écrites);
— elle permet de mieux tirer parti de textes peu ou mal structurés (et éventuellement de les réécrire).

Il y a 4 ans, j'ai publié aux éditions Retz: *La méthode SPRI.* Jean-Marie Villette qui anime un organisme de formation continue eut l'idée de s'en servir pour aider les candidats aux concours administratifs à mieux affronter les épreuves de «note de synthèse». Il m'a affirmé que depuis qu'il enseigne cette méthode SPRI, les notes se sont améliorées d'environ 3 points et qu'il a pu raccourcir sa formation de 5 jours à 4 jours.

Moi-même j'avais ramené cette méthode d'un séjour en Californie, il y a plus de 20 ans, et, sur le moment, je n'y avais pas prêté beaucoup attention. Ce fut l'intérêt des stagiaires qui produisit le déclic et qui m'incita à écrire le livre. Aussi, le passage ci-après doit être considéré comme un chapitre supplémentaire de ce livre.

Je lis le texte en me posant successivement les 4 questions suivantes et en essayant de noter les réponses sur une feuille ou en marge de l'original.

Dans ce texte:
1. de quelle situation part l'auteur?

2. quel problème pose-t-il?
3. quelle solution de principe préconise-t-il?
4. et comment, éventuellement, propose-t-il d'appliquer (et/ou de vérifier) cette solution?

Exercice:
Résumez ce texte de Paul Valéry

Je vais appliquer la méthode devant vous à ce très beau texte de Paul Valéry, plus actuel que jamais, mais pas très commode à résumer. Texte qui a été proposé au baccalauréat ces dernières années.

Essayez vous-même de le résumer en 100 mots en répondant aux 4 questions. Ensuite, seulement, regardez le corrigé que je vous propose.

DISCOURS PRONONCÉ A LA DISTRIBUTION DES PRIX
DU LYCÉE JANSON-DE-SAILLY (13 JUILLET 1932)

«Vous entrez dans la vie, jeunes gens, et vous vous trouvez engagés dans une époque bien intéressante. Une époque intéressante est toujours une époque énigmatique, qui ne promet guère de repos, de prospérité, de continuité, de sécurité.

Nous sommes dans un âge critique, c'est-à-dire un âge où coexistent nombre de choses incompatibles, dont les unes et les autres ne peuvent ni disparaître, ni l'emporter. Cet état de choses est si complexe et si neuf que personne aujourd'hui ne peut se flatter d'y rien comprendre; ce qui ne veut pas dire que personne ne s'en flatte. Toutes les notions que nous tenions pour solides, toutes les valeurs de la vie civilisée, tout ce qui faisait la stabilité des relations internationales, tout ce qui faisait la régularité du régime économique; en un mot, tout ce qui limitait assez heureusement l'incertitude du lendemain, tout ce qui donnait aux nations et aux individus quelque confiance dans le lendemain, tout ceci semble fort compromis.

J'ai consulté tous les augures que j'ai pu trouver, et dans tous les genres; et je n'ai entendu que des paroles fort vagues, des prophéties contradictoires, des assurances curieusement débiles. Jamais l'humanité n'a réuni tant de puissance à tant de désarroi, tant de soucis et tant de jouets, tant de connaissances et tant d'incertitudes. L'inquiétude et la futilité se partagent nos jours.

C'est à vous maintenant, chers jeunes gens, d'aborder l'existence et bientôt les affaires. La besogne ne manque pas. Dans les arts, dans les lettres, dans la politique, enfin, vous pouvez, vous devez considérer que tout est à reprendre. Il va falloir que vous comptiez sur vous-mêmes beaucoup plus que nous autres n'avions à le faire. Il faut donc armer vos esprits, ce qui ne veut pas dire qu'il suffit de s'instruire. Ce n'est rien que de posséder ce que l'on ne songe même pas à utiliser, à annexer à sa pensée. Il est des connaissances comme des mots. Un vocabulaire restreint mais dont on sait former de nombreuses combinaisons vaut mieux que trente mille vocables qui ne font qu'embarrasser les actes de l'esprit. Je ne vais pas vous offrir quelques conseils. Il ne faut en donner qu'aux personnes très âgées et la jeunesse s'en charge assez souvent. Laissez-moi cependant vous prier d'entendre encore une ou deux remarques.

La vie moderne tend à nous épargner l'effort intellectuel comme elle fait de l'effort physique. Elle remplace, par exemple, l'imagination par les images, le raisonnement par les symboles et les écritures, ou par des mécaniques et souvent par rien. Elle nous offre toutes les facilités, tous les moyens courts d'arriver au but sans avoir fait le chemin. Et ceci est excellent: mais ceci est assez dangereux. Ceci se combine à d'autres causes, que je ne vais pas énumérer, pour produire — comment dirais-je — une certaine diminution générale des valeurs et des efforts dans l'ordre de l'esprit. Je voudrais me tromper, mais mon observation est fortifiée, malheureusement par celles que font d'autres personnes. La nécessité de l'effort physique ayant été amoindrie par la machine, l'athlétisme est venu très heureusement sauver et même exalter l'être musculaire. Il faudrait peut-être songer à faire pour l'esprit ce qui a été fait pour le corps. Je n'ose vous dire que tout ce qui ne demande aucun effort n'est que temps perdu. Mais il y a quelques atomes de vrai dans cette formule atroce.»

Paul Valéry

Remplir un cadre comme le modèle suivant:

1. SITUATION?

---

2. PROBLÈME?

---

3. RÉSOLUTION DE PRINCIPE?

---

4. INFORMATION DÉTAILLÉE OU APPLIQUÉE?

(Solution p. 158)

La prise de notes SPRI pour la note de synthèse

Devant l'afflux de candidats de haut niveau, la note de synthèse est devenue, ces dernières années, l'outil de sélection des candidats aux concours de beaucoup de grandes écoles, et aux concours administratifs.
Naguère, en 1975, la matière à résumer était d'environ quinze pages dactylographiées ou imprimées. Aujourd'hui, dans certains cas, elle peut atteindre 50 à 100 pages!
Ainsi les candidats sont jugés *d'abord* sur leur capacité à lire *intelligemment,* avant même de pouvoir exercer leur capacité de synthèse (cerveau droit). Et la prise de notes — qui fait le pont entre ces deux capacités — devient plus que jamais l'élément décisif de l'opération.
Plus qu'un long discours, l'exemple ci-après témoigne de l'excellence de la prise de notes en 4 quadrants: SPRI.

Première lecture: chercher le couple: problème/solution (la boussole)
Toujours lire le crayon à la main. Cocher les passages qui retiennent l'attention; souligner éventuellement les mots qui paraissent décisifs. Cette première lecture n'a qu'un but: découvrir le *problème commun* posé à travers les divers documents et la solution de principe qui lui correspond.

— Soit par lecture *partielle* des points saillants du texte: titre, intertitres, introduction, conclusion, phrases d'ouverture et de fermeture des paragraphes...

— Soit par la lecture *intégrale* rapide de tout ou partie des documents, si le texte «résiste» un peu. Bien faire attention à la *fin* des documents qui constitue en général leur synthèse. Distinguer dès ce stade les documents de synthèse qui traitent de l'ensemble du problème à lire en priorité, des documents annexes qui détaillent des points particuliers (souvent au travers de tableaux statistiques).

— Cette première lecture s'achève quand je peux écrire sur ma feuille une phrase disant: «le problème, dans cette affaire, c'est X; et la résolution de principe est Y».

Deuxième lecture: prise de notes SPRI en 4 quadrants (la carte globale)
Deuxième phase: la lecture d'approfondissement avec prise de notes détaillée. Son but est de reporter sur une seule feuille, de manière synthétique, les notes concernant les 4 parties SPRI, chacune dans leur quadrant. Cette activité doit être non pas mécanique, mais intelligente. Surtout ne pas copier sans reformuler les mots et les phrases en *sens.* Le canevas SPRI nous oblige, pour chaque idée, à décider dans quelle case il faut ranger l'information. Donc à nous interroger sur le *sens* de cette information par

FIGURE 2 : TECHNIQUE DE RÉSUMÉ, SYNTHÈSE OU CONTRACTION DE TEXTE PAR LA MÉTHODE SPRI.

STADE	*LECTURE*	*ECRITURE*
1	*Survol des points clés du texte : (titre, introduction, conclusion) souligner mots clés*	*Prise de notes : couple Problème général Solution générale*
2	*Lecture totale linéaire plume à la main*	*Prise de notes en 4 quadrants sur une seule feuille* **P** | **R** / **S** | **I**
3	*Lecture des notes, reclassement en plan (par numérotation).*	*Rédaction du plan détaillé sur une autre feuille volante*
4	*Relecture du plan*	*Rédaction du brouillon*
5	*Relecture du brouillon et corrections.*	*Ecriture du propre définitif (copie)*

rapport aux autres, et surtout par rapport au Problème qui est la boussole qui oriente notre lecture. Cette lecture-écriture s'achève quand l'essentiel des documents a été transcrit sous forme de notes placées dans les 4 cases.

Rédaction du plan (la carte détaillée)
Reclasser, dans chacune des cases, les notes de manière à rétablir une cohérence logique; par exemple en les numérotant.
Reporter ensuite ces notes dans l'ordre sur une feuille: ce sera le canevas de notre plan détaillé. A partir de lui, nous rédigerons notre copie sans perdre de temps.

Rédaction détaillée au brouillon

Relecture, corrections et rédaction au propre (figure 2, p. 125).

Un exemple détaillé

J'emprunte cet exemple, donné à un concours administratif, à J.-M. Vilette (1983).

NOTE DE SYNTHÈSE
(temps accordé: 2 heures 30)

I - SUJET

Résumer en 200 mots le texte ci-après.
Ce résumé doit être rédigé et ne pas constituer un plan schématique.
Les candidats doivent respecter à 10 % (limites extrêmes) le nombre de 200 mots fixé par le jury, étant précisé, à cet égard, que les dates comptent pour un mot et que les «petits mots» et l'article, même élidé par exemple, comptent autant que les grands.
Seule la ponctuation ne sera pas comptée.
Dans la correction des copies, il sera tenu compte:
— de la composition, c'est-à-dire: plan, organisation des idées du texte, proportion accordée dans le développement des idées du texte suivant leur importance;
— du style, à savoir: clarté, propriété des termes, richesse du vocabulaire, netteté de l'expression;
— de la correction matérielle, c'est-à-dire: orthographe, ponctuation, accentuation et grammaire.

II - TEXTE

L'APPROVISIONNEMENT FRANÇAIS
EN MINERAIS MÉTALLIQUES

Notre pays, comme tous ses voisins européens, est pauvre en minerais.
On constate que seuls le fer, la bauxite (minerai d'aluminium), l'uranium et dans une

moindre mesure le plomb, le zinc et le tungstène sont exploités en France métropolitaine.
Par ailleurs, les gisements potentiels peuvent renforcer nos réserves en plomb, zinc, cuivre, uranium et tungstène, mais n'améliorent pas nos ressources dans les domaines du vanadium, du titane, du chrome, du cobalt, du zirconium, du niobium, du tantale, etc.
Seul, le cas du nickel est un peu particulier puisque la Nouvelle-Calédonie (territoire d'Outre-Mer) assure nos besoins en minerai.

Examinée à un niveau macroéconomique, la situation de nos approvisionnements en matières premières non énergétiques (minerais, métaux et demi-produits) est extrêmement préoccupante puisque 15 % seulement de nos besoins sont pourvus par le sous-sol national alors que le recyclage et la récupération couvrent 30 % de notre consommation et le reste (55 %) est assuré par les importations.
Cette estimation recouvre en fait des secteurs dans lesquels nos industries ont une relative autonomie (aluminium, nickel pour les métaux, potasse, soufre pour les métalloïdes) et des matières dans lesquelles notre dépendance vis-à-vis de l'extérieur est quasiment totale.
C'est ainsi que l'on importe entièrement sous forme de minerai ou de métal brut:
— le manganèse nécessaire à la production d'aciers ordinaires et d'alliages d'aluminium;
— le silicium indispensable à l'industrie électronique;
— le platine utilisé en particulier comme catalyseur dans l'industrie pétrochimique;
— le chrome nécessaire à la fabrication des aciers inoxydables;
— le cobalt, le molybdène, le vanadium indispensables à la métallurgie des aciers fins et spéciaux;
— l'éponge de titane destinée à l'aéronautique;
— le zirconium qui entre dans la composition des gaines de tous les réacteurs nucléaires.

La vulnérabilité qui en résulte pour notre pays est importante mais encore peu perçue par le public, contrairement à ce qui se passe dans le domaine énergétique.
La conséquence la plus visible de notre situation d'acheteur se situe sur le plan commercial. Malgré de fortes fluctuations liées au cours des matières premières, on peut évaluer l'ordre de grandeur du montant de nos importations nettes à 10 milliards de francs environ chaque année.
Comparé au déficit pétrolier, ce chiffre peut paraître modeste, mais il ne traduit pas les risques de rupture d'approvisionnement auxquels nous sommes exposés.
Ceux-ci sont d'autant plus importants qu'il existe une forte concentration, tant au niveau des pays détenteurs de minerai qu'au niveau des entreprises mondiales qui extraient les matières premières.
C'est ainsi que quatre sociétés sud-africaines se partagent la moitié des capacités mondiales d'extraction de la chromite et sept compagnies assurent plus de 85 % de la

production mondiale de molybdène (AMAX représente à elle seule 40 % du total). La situation est similaire en ce qui concerne le platine puisque deux sociétés sud-africaines (Rustenburg Platinum Mines Ltd et Impala Platinum Ltd) se partagent 80 % du marché mondial.
Ces entreprises ont une telle assise sur les marchés que rares sont les concurrents qui osent les défier.
De même, rares sont les acheteurs qui se tournent vers de nouveaux fournisseurs par crainte de mesures de rétorsion de la part du principal fournisseur.
La concentration au niveau des pays producteurs est encore plus dangereuse:

— les réserves mondiales de chromite appartiennent à plus de 95 % à l'Afrique du Sud et au Zimbabwé;
— plus de 80 % des gisements reconnus de manganèse sont situés en Afrique du Sud et en URSS;
— plus de 95 % des réserves mondiales de platine et de vanadium sont détenues par l'Afrique du Sud et l'URSS.

Cette concentration s'est déjà traduite en 1978 par des ruptures d'approvisionnement en cobalt au moment où des troubles politiques ont secoué le Zaïre. Ils ont entraîné dans notre pays de graves difficultés dans des secteurs vitaux de notre économie tels que les industries nucléaire, pétrolière et de l'armement.
De même, une pénurie de titane s'est déclarée à la fin de l'année 1978 et a affecté profondément notre industrie aéronautique (programme Airbus).
Etant donnée la situation politique de certains pays (URSS, Afrique du Sud), il paraît probable que d'autres problèmes d'approvisionnement apparaîtront dans les prochaines années.
Ces risques qui peuvent avoir des effets immédiats ne sont cependant pas les seuls que court notre industrie.
Le déplacement progressif de nos industries de base vers les pays producteurs de minerai en est une autre tout aussi néfaste pour notre pays.
Les pays producteurs de matières premières souhaitent valoriser au maximum leur minerai sur place, et cherchent donc à créer des unités de production locales de demi-produits et de produits finis.
Dans la pratique, les difficultés de fonctionnement d'installations complexes dans les pays en voie de développement (manque de main-d'œuvre qualifiée, de pièces détachées, d'infrastructures routières...) ralentissent cette tendance à l'intégration vers l'aval qui aboutira à terme à une redistribution des tâches industrielles.
Cependant, quelques pays particuliers, comme l'Afrique du Sud, qui possèdent à la fois des gisements considérables de matières premières minérales et des infrastructures industrielles importantes, se sont intégrés vers l'aval sur certains produits comme le chrome, au détriment naturellement de l'industrie européenne.
Pour cela, la politique menée par l'Afrique du Sud a été simple et efficace:
Etant le leader mondial du marché de la chromite (minerai de chrome), elle a imposé

dans la dernière décennie un prix de marché du minerai élevé, tout en proposant des demi-produits (ferro-chrome) à des prix attractifs.
C'est l'effet de «squeeze» qui impose une différence de prix entre minerai et demi-produits suffisamment faible pour que les industries de transformation qui ne disposent pas d'accès direct à la mine ne puissent survivre.
Cette politique a abouti à la fermeture définitive de l'usine de Moutiers (Savoie) au début de l'année 1979 et à la fermeture de l'atelier de fabrication de ferro-chrome de l'usine de l'Ardoise (Gard) en mai 1981.
Sa redoutable efficacité a eu les mêmes effets chez nos partenaires européens et américains qui, comme nous, doivent maintenant acheter la majorité de leur ferro-chrome à l'Afrique du Sud.
L'effet de «squeeze» appliqué à la chromite sud-africaine montre bien le danger auquel notre situation de dépendance nous expose. Cependant tous les métaux ne présentent pas le même caractère stratégique, et une analyse de la situation par produit semble nécessaire.
On constate que les risques de rupture d'approvisionnement sont particulièrement élevés pour l'argent, le chrome, le cobalt, le lithium, l'or, le platine, le strontium, le titane, les métaux associés au platine et le manganèse.
Il est toutefois nécessaire de moduler les résultats pour l'or et l'argent qui présentent moins de risques de pénurie que les autres produits en raison des stocks importants détenus par les banques centrales et les particuliers.
La création d'un stock national de précaution, qui constitue le palliatif le plus rapide à nos problèmes d'approvisionnement a été décidée en 1975.
Les engagements d'achats étaient de 250 MF; puis ont été portés en 1980 à 1 600 MF pour la période de 1980-1981.
D'autres programmes d'achats ont été décidés depuis pour couvrir la période 1980-1985.

Son but est de ne servir que dans les cas exceptionnels de pénurie physique d'une matière première stratégique qui aurait des conséquences économiques et sociales très importantes (ralentissement d'un programme nucléaire, militaire, aéronautique...).

Sa composition est tenue secrète afin de ne pas inciter les industriels à se reposer sur lui, mais en moyenne, il représente deux mois de consommation de matières premières minérales avec une forte modulation selon le caractère stratégique du produit considéré.

Nous avons vu qu'un certain nombre de pays producteurs cherchent à valoriser leurs minerais en s'intégrant vers l'aval, ce qui ne va pas sans poser des problèmes aux industries européennes de transformation qui n'ont pas d'accès direct à la mine.

Une solution possible consiste à faire participer au capital de l'industrie de transformation du pays développé, une société minière d'un pays producteur, ce qui assure un approvisionnement régulier, quelle que soit la conjoncture.

C'est sur cette base qu'a été créée, le 9 juin 1977, la SCCC (Société de coulée continue en cuivre) à Chauny (Aisne).
Cette société comprend deux actionnaires à parts égales: le groupe Thomson et la société zambienne Mulungushi investments limited.
Pour Thomson, l'accord avec la Zambie permet d'obtenir à la fois la régularité de l'approvisionnement et la constance de la qualité des produits issus de la coulée continue.
Pour la Zambie, ce montage valorise au mieux son minerai et lui assure des rentrées de devises régulières.
Par ailleurs, l'accord a favorisé la création d'autres projets en Zambie. C'est ainsi que le gouvernement français a investi dans l'usine de fabrication d'acide sulfurique nécessaire à la fabrication des cathodes de cuivre expédiées à Chauny.
Ce type d'investissement croisé crée des liens solides entre les deux pays et augmente de manière durable notre sécurité d'approvisionnement pour une substance déterminée.
En outre, ses effets peuvent être immédiats puisqu'une prise de participation dans une société déjà existante (cas de l'usine de Chauny) est effective en quelques semaines.
De plus, en cas de crise, la pérennité du montage sera assurée à la différence du stock qui s'épuisera en quelques mois.
Ces mesures de stockage et d'investissement croisé n'ont cependant qu'une portée limitée et ne modifient guère notre situation d'acheteur de matières premières.
D'autres actions, mieux adaptées au problème de fond de notre approvisionnement, ont donc été envisagées et devraient réduire, à long terme, notre dépendance.
Certaines d'entre elles ont une portée nationale. Elles visent à mieux connaître l'utilisation finale des matières premières, à inciter l'industrie à recycler et à dresser l'inventaire de nos ressources métropolitaines.

D'autres, au contraire, ont une portée internationale. Elles cherchent à améliorer notre politique extérieure dans le domaine des matières premières, à renforcer nos opérateurs miniers et à développer la recherche et l'extraction des nodules des fonds marins.

En vertu du décret du 12 novembre 1981, les pouvoirs publics viennent de se doter d'un observatoire qui aura les moyens d'étude nécessaires pour acquérir une connaissance fine des circuits industriels.

Il sera ainsi en mesure d'apprécier véritablement les conséquences pour chacun des secteurs (aéronautique, armement, nucléaire...) d'une pénurie dans chacune des substances.

Par ailleurs, l'observatoire sera chargé de recueillir l'information sur les grandes tendances économiques et les politiques pratiquées dans le monde en matière de gestion des ressources minérales.

Cet outil complètera et approfondira la connaissance que nous avons actuellement des utilisations finales des matières premières.

Une façon simple de diminuer nos importations en matières premières minérales consiste à recycler le plus possible les déchets et les débris.
Dans cette optique, ont été créés le Service des économies de matières premières de l'Agence française de la maîtrise de l'énergie et l'Agence nationale pour la récupération et l'élimination des déchets (ANRED).
Ceux-ci ont pour mission de valoriser notre important gisement de déchets et débris qui satisfait déjà 30 % de nos besoins en matières premières.
Leurs moyens sont les suivants:
— aide financière à la recherche et aux études permettant de substituer à une matière stratégique, une matière première moins sensible;
— aide financière aux industriels qui investissent dans l'amélioration des méthodes de gestion des flux de matières premières;
— aide financière et incitations visant au développement de la récupération;
— actions de démonstration.
Une autre méthode permettant de diminuer nos importations, consiste à développer l'extraction de matières premières à partir de notre sous-sol.
Dans ce but, un inventaire a été décidé en 1975 et reconduit pour une période de cinq ans en janvier 1979.
a) Celui-ci, mené par le Bureau de recherches géologiques et minières (BRGM), a mis en évidence de nombreuses anomalies géologiques qui, pour ne citer que trois d'entre elles, ont abouti aux découvertes de gisements de cuivre, plomb, zinc et argent dans le Massif armoricain, d'un filon aurifère économiquement exploitable dans le Massif central et de quelques gisements de tungstène dans le Midi dont un, le gisement de Favières, près de Fréjus, est entré en exploitation depuis le début de l'année 1982.
b) Ces mesures ne représentent cependant qu'un volet de la politique française d'approvisionnement à long terme. L'autre partie est constituée par des actions de portée internationale.
Celles-ci cherchent, comme nous l'avons vu, à améliorer notre politique extérieure dans le domaine des matières premières, à renforcer nos opérateurs miniers et à développer la recherche et l'extraction des nodules marins.
Les opérations croisées du type de celle réalisée avec la Zambie à Chauny, ne peuvent être décidées que dans un contexte politique favorable.
Celui-ci est créé et entretenu dans le cadre des nombreuses réunions, « dialogue Nord-Sud », réunions sous l'égide des Nations-Unies...
La France joue un rôle très actif dans toutes ces instances où se discute l'avenir des relations entre pays producteurs et pays consommateurs.
Par ailleurs, au niveau communautaire, nos représentants participent aux nombreuses négociations douanières (abaissement des droits de douane), financières (garantie communautaire des investissements à l'étranger) et économiques (mesures anti-dumping contre les pays qui vendent à perte dans la Communauté).
Enfin, au niveau bilatéral, une coopération effective est réalisée dans les domaines suivants:

— assistance technique et inventaire des ressources: la France a passé dans ce domaine des conventions avec plusieurs pays miniers qui ont abouti à des explorations systématiques de zones intéressantes et à des découvertes de gisements économiquement exploitables;
— formation: des programmes de formation spécifique aux activités minières adaptées aux ressortissants étrangers sont organisés dans le cadre du CESMAT (Centre d'études supérieures des matières premières). Ces formations sont dispensées par les écoles des mines de Paris, Alès et Nancy, soit en France, soit même dans certains cas dans le pays demandeur. (...)
(...) La faiblesse de la production minière sous contrôle français est sans commune mesure avec notre consommation de minerais.
L'industrie minière mobilise en effet des sommes énormes pour la recherche de nouveaux gisements, et en cas de succès les effets bénéfiques de l'investissement n'apparaissent qu'après un délai de six ou sept années.
Des risques réels de «confiscation» des gisements dans des pays politiquement instables s'ajoutent aux risques géologiques et n'incitent vraiment pas les industriels et les banques à se lancer dans l'aventure.
Il en résulte une faiblesse persistante et importante des investissements miniers qui aggravera notre dépendance dans les prochaines années.
Afin de remédier à cette situation, la France a mis en place dès 1973, le plan cuivre, devenu plan métaux en 1980, qui a pour objectif de relancer les investissements dans la recherche minière, de diversifier géographiquement nos approvisionnements, de limiter, en le couvrant partiellement, le risque politique des investissements à l'étranger et de développer les filières françaises en les intégrant de la mine à la métallurgie.
D'autre part, un plan uranium a été créé en 1977 dans le cadre du plan métaux, afin d'accompagner le développement rapide de la recherche minière sur cette substance.
En pratique, les aides de l'Etat sont généralement accordées sous la forme d'une subvention de 50 % du programme avec prime en cas de mise en production.
Grâce à cette procédure, plusieurs gisements d'intérêt économique ont été découverts et certains d'entre eux seront exploités à court ou moyen terme.
Comme on peut le constater, l'impact du plan sur les opérateurs miniers est important et il devrait encore s'accroître dans un proche avenir puisque la plupart des grandes sociétés minières ont été nationalisées.
Ces mesures devraient permettre à la France de conserver à long terme sa place au sein de la communauté des nations industrielles, malgré ses handicaps géologiques et miniers.

Michel Noguera

Exemple de « lecture » SPRI
avec prise de notes au brouillon

L'APPROVISIONNEMENT FRANÇAIS EN MINERAIS METALLIQUES

Problème	***Résolution***
1) Vulnérabilité, risques.	*1) Conserver à la F. sa place malgré handicap naturel.*
2) Concentration Af. du Sud et URSS, pays à risques politiques.	*2) Créer 1 stock nat. de précautions.*
3) Les pays producteurs veulent de + en + valoriser leur prod. (cad vendre métal plutôt que minerai).	*3) Participer au capital de stés P.V.D. (ex : Chauny).*
4) Effet de "squeeze" préoccupant (A.S.).	
5) Importance délais découverte/exploitation.	
P	***R***
S	***I***
Situation	***Information***
1) La F. et l'Europe st pauvres en minerais métall. (55 % import).	*1) Pour connaître besoins Observatoire des circuits.*
2) Dèficit vanadium titane chrome cobalt zinc etc.	*2) Récupération.*
3) Importance réserves • Afrique du Sud (A.S.) • URSS	*3) Recherche minière.*
	4) Formation.
	5) Action européenne.
	6) Dialogue Nord/Sud.

Rédaction finale de la «note de synthèse» à partir des notes reclassées (207 mots).

L'APPROVISIONNEMENT FRANÇAIS EN MINERAIS MÉTALLIQUES

S Comme l'Europe, la France est pauvre en minerais métalliques: elle importe 55 % de ses besoins. Ce déficit chronique touche tout spécialement le vanadium, le titane, le chrome, le cobalt, le zinc... D'importantes réserves existent en URSS et en Afrique du Sud.

P Cette vulnérabilité est très préoccupante. D'abord car ces deux régions sont des pays à risques politiques élevés. Ensuite parce que les pays producteurs en général veulent de plus en plus valoriser eux-mêmes leur production en transformant sur place le minerai en métal, ce qui provoque un effet de «squeeze» sur le marché.
Enfin parce qu'entre la découverte d'un gisement et sa mise en production réelle, il faut compter au moins 10 ans.

R Face à ce problème, la France a décidé de réagir pour conserver sa place malgré le handicap naturel. D'abord chez elle, en créant un stock national de précaution. Ensuite à l'étranger, en participant au capital des sociétés, notamment dans les pays en voie de développement.

I Pour mener à bien cette action, elle a décidé de créer un Observatoire des circuits; de développer une politique de récupération active (ANRED), de promouvoir la recherche minière, et de former le personnel des sociétés étrangères. Plus globalement, elle mène une action politique dans le cadre européen et celui du dialogue Nord-Sud.
(Total: 207 mots.)

N.B.: cet exercice est relativement facile dans la mesure où le journaliste avait *lui-même* suivi dans son texte un plan de type «résolution de problème», c'est-à-dire de type SPRI.
Il serait plus difficile si ce n'avait pas été le cas, ou si l'examinateur avait demandé de synthétiser *plusieurs* documents. Dans ces cas, la méthode SPRI devient encore plus indispensable.

CHAPITRE XI

La lecture réactive plume en main et le commentaire composé

Bien lire, c'est souvent lire la plume à la main pour noter ses impressions au fur et à mesure, de manière à mieux en prendre conscience. Cela, certains le font directement *sur le livre,* ou le document, en cochant certains passages en marge — avec ou sans appréciation personnelle. D'autres utilisent une *fiche cartonnée* comme marque-page sur laquelle ils notent la page des différents passages qui les intéressent, se constituant ainsi un index personnel pour pouvoir retrouver plus tard un passage.
Mais, dans la mesure où l'on lit en vue d'écrire, il peut être bon d'utiliser une méthode plus systématique. C'est notamment le cas des lectures faites dans le cadre scolaire et universitaire qui doivent aboutir à la rédaction d'un essai: dissertation, mémoire, thèse. Ce peut être aussi le cas, dans la vie professionnelle, quand il s'agit de répondre à une lettre difficile, rédiger un rapport, ou modifier un texte existant.
Dans le cas d'une thèse ou d'un mémoire volumineux comportant de nombreuses références bibliographiques, il est très utile de travailler avec deux boîtes à fiches: l'une pour les livres, l'autre pour les idées (j'en donne les modèles dans le chapitre 12 de la *Méthode SPRI,* où je décris la méthode en détail).
Un exemple «d'écriture réactive» pratiquée sur le texte même: c'est celui du professeur qui réagit à la copie d'un élève en l'annotant en marge tantôt pour critiquer des fautes, tantôt pour féliciter l'élève pour de bons passages. A la fin, le professeur relit ces notations analytiques, en tire une appréciation d'ensemble (synthèse), et décerne une note à l'élève assortie d'une appréciation globale qu'il porte en tête de la copie.

Ce chapitre comprendra deux parties. D'abord la méthode générale du log-book. Ensuite son utilisation particulière pour le commentaire composé.

Le «log-book» ou journal de bord

Un classeur en 3 parties

Dans le cadre de travaux scolaires ou universitaires, je présente ici la méthode qu'enseigne Michelle Werner qui est conseillère en méthodes d'écriture à l'*American College in Paris.* Méthodes qui sont pratiquées chez les pédagogues les plus avancés d'outre-Atlantique.
Comme ailleurs, dans ce *collège,* les étudiants doivent pour chaque cours présenter au moins deux devoirs: l'un à la moitié de la durée du cours, l'autre à la fin (c'est ce qu'on appelle les *term-papers*). Le rôle de Michelle consiste à conseiller les étudiants dans les matières à dominante littéraire: littérature, sciences humaines, beaux-arts...

Elle demande aux étudiants de se munir, dans chaque matière, d'un cahier à trois sections qu'on appelle *log-book* (journal de bord).

— La première section ou *Response journal* (journal de notes) est destinée à prendre des notes sur 2 colonnes à partir des documents étudiés: il s'agit d'écrire pour *s'approprier* les idées des auteurs. C'est le principe de la lecture réactive qu'on verra tout à l'heure.

— La deuxième section, appelée *centering journal* doit servir à l'étudiant à trouver le *centre* de sa propre pensée; à la structurer et la formuler clairement en une thèse. Elle recueille les réflexions nées de la relecture des notes de la première section.

— Dans la troisième section, ou *process-journal,* l'auteur recueille ses impressions personnelles sur le déroulement de son travail: s'il est content ou abattu, s'il le voit progresser, ou s'il nage en plein brouillard, etc. Ici, il s'agit essentiellement, pour lui, d'exprimer ses propres sentiments sur le travail en cours, de manière à pouvoir s'en libérer. C'est une sorte de journal intime de travail.

L'avantage de ces trois parties séparées, c'est d'abord de réunir sans les mêler ces 3 types de notes nécessaires à l'avancement d'un travail. Mais aussi de pouvoir commencer à structurer sa pensée et à rédiger (deuxième partie) même si la recherche n'est pas terminée (première partie); ce qui permet de mieux l'orienter en cours de route. La troisième partie permet de faire le point sur soi-même, principalement en luttant contre le découragement et en se fixant à soi-même des *objectifs* précis (lire, réécrire...).

Votre journal de lecture

La première partie du classeur, c'est le journal de lecture en 2 colonnes. Mais son contenu varie un peu selon les matières: littérature ou sciences humaines.

En sciences humaines (comme l'histoire, la géographie, la sociologie, les sciences politiques, la psychologie...) l'étudiant doit faire une *recherche documentaire* sur un sujet donné et en présenter une synthèse. Dans ce cas, la première colonne reproduira une citation tirée d'un document (avec sa référence), et la seconde la réaction personnelle.
Soit le sujet: «Le parti libéral en Grande-Bretagne: rôle, organisation, fonction.» L'étudiant a répertorié en bibliothèque 10 documents numérotés de 1 à 10. Il va lire les textes en tout ou partie et noter ainsi dans l'ordre de lecture.

En littérature ou en art, le travail consiste à *faire le commentaire composé d'une œuvre* (roman, poème, tableau, symphonie...). Ici la première colonne reproduira des passages de l'œuvre même ou des descriptions des éléments d'un tableau, et la seconde la réaction qu'elle a suscitée.

FIGURE 1 : LOG-BOOK EN DEUX COLONNES AVEC PARTIE OBJECTIVE A GAUCHE

(cerveau gauche) ◄—	—► (cerveau droit)
RESUME OU CITATION *(avec sa référence)* *Livre 2. page 77* *"plaga, nec ad nostras acies perlabitu suffigit sensum simul angulus omnis adumbratim paulum simulata uider."*	*REACTION* *(personnelle)* *perhibere suemus. Nimirum quia te eius, propterea fit uti uideatur, qua primaque dispereunt, quasi in egnem*

Ainsi la première colonne consiste à recueillir objectivement la pensée de l'auteur et la seconde à accueillir les réactions subjectives qu'elle provoque en moi: «cerveau gauche» et «cerveau droit».
L'ordre de ces deux colonnes n'est pas imposé: il va dépendre de votre dominance cérébrale. Si votre esprit est à dominante gauche, vous avez déjà un bon sens de l'objectivité, mais il vous manque certaines capacités à réagir subjectivement au texte. Comme on écrit toujours de gauche à droite, on est toujours tenté de remplir la première colonne en premier. Pour vous forcer à réagir au texte, placer la colonne «réactions» à gauche (figure 1). A l'inverse, si vous êtes à dominante «cerveau droit» vous avez besoin de vous contraindre à être plus objectif: placez alors la colonne «résumé» ou «citation» à gauche (figure 2).

MES REACTIONS	RESUME DU TEXTE (ou citations)
(1) Pas d'accord avec cette affirmation. (2) Je ne comprends pas ce qu'il veut dire. (3) Cette expression me plaît. A retenir. (4) Ça me fait penser à la maison de ma tante...	Chapitre 1 aer ater init oculos prior et posse ; aeris illius : nam multis partibus (1) est mo :it quas ante obsederat aer, continuo rerum sir ce nequimus propterea quia posterior caliginis nt ullarum rerum coniecta moue(2) Quadrata: quia longe cernitur omnis, siue etiam potius imulacra feruntur, cogit hebescere eum crebis ı terantur : (3) tamen ut coram quae sunt uer noueri et uestigia nostra segui gestumque imi nil esse potest aliud nisi lumine cassus (4) i 'is quacumque meantes officimus, repletur ite e secuta. Semper enim noua se radiorum lumi
(5) Ce titre est alléchant. (6) Ce passage ne me parle pas. (7) Il faudra que je cherche ce mot dans le dictionnaire. (8) Cette description n'en finit pas. (9) Pour une fois, l'auteur a bien raison !	Chapitre 2 cris obuia rerum, multaque (5) sunt in luce tuemur propterea quia, cum prop qui quasi purgat (6) ac nigras discutit umbra: atque uias oculorum luce repleuit atque patefe uideamus : quod contra facere in tenebris e lu obsiditque uias oculorum, ne simulacra possi uideantur saepe rutundae, angulus optusus q perlabitur ictus, aera (7) multum quia dum s omnis, fit quasi ut ad tornum saxorum structı uidentur. Vmbra uidetur item nobis in sole n motus hominum gestumque sequentem : nam terra locis (8) ordine certis lumine priuatur sol fuit umbra corporis (9) regione eadem nos usqu

FIGURE 2 : AUTRE EXEMPLE DE « LOG-BOOK » (POUR « CERVEAU GAUCHE »)

Recommandations pratiques pour noter vos impressions de lecture (colonne «réactions»)

1. Notez vos impressions spontanées.
Prenez le temps de noter tout ce qui vous vient à l'esprit à la lecture du texte. Notez-le directement, en toute liberté, sans aucune autocensure. Même si ça ne vous paraît pas «logique». Même si vous n'arrivez pas bien à expliquer, sur le moment, votre réaction.
Si la lecture vous ennuie, notez le passage qui vous ennuie. Si un passage vous étonne, notez cet étonnement. Si un personnage, une question, une idée, vous attire, notez qu'elle vous attire. Écrivez tout! Quand vous avez fini de lire un chapitre ou une partie, prenez au moins 5 minutes pour écrire votre impression finale. Si vous avez interrompu votre lecture, notez votre état mental au moment où vous la reprenez: êtes-vous impatient de connaître la suite? Ou au contraire peu enthousiaste? Notez-le.

2. Faites des liens entre ce que vous lisez et votre expérience personnelle.
A quoi vous fait penser cette phrase? Vous rappelle-t-elle quelqu'un, ou quelque chose de vécu? Dans le passé, vous êtes-vous trouvé dans une situation identique? Si oui: notez-le. Si non: notez-le aussi!

3. Faites des liens entre ce texte et d'autres textes.
Les idées, les situations, les personnages, les problèmes, dont le texte parle, vous rappellent-ils quelque chose que vous avez lu ailleurs? Est-ce très semblable, ou très différent? Notez-le.

4. Posez-vous des questions à propos du texte.
Qu'est-ce qui vous rend perplexe dans ce passage? dans cette affirmation de l'auteur? Notez-le, par exemple, en commençant votre phrase par l'une des formules suivantes: «Je me demande si..», «J'ai du mal à comprendre que...», «Ça m'étonnerait beaucoup que...».

5. Essayez d'être d'accord avec l'auteur.
Chaque fois que vous êtes franchement d'accord avec l'auteur, n'oubliez pas de le noter.

6. Essayez de critiquer l'auteur.
Chaque fois que vous tombez sur une affirmation qui vous choque ou vous déplaît, notez-le.

7. Notez les mots, les phrases qui vous frappent (en mal ou en bien).
Certains mots, certaines expressions, vous touchent, vous font de l'**effet**. Notez-le. Demandez-vous pourquoi? Pourquoi cette expression?

Qu'est-ce qu'elle a de plus qu'une autre? Pourquoi voulez-vous la retenir? Ou au contraire, pourquoi voulez-vous la rejeter, pourquoi vous la supprimeriez?
N.B.: A la relecture de vos notes, demandez-vous: qu'est-ce que toutes ces expressions ont eu de commun? Que révèlent-elles de mon état d'esprit?

8. Identifiez le point de vue de l'auteur.
Quelle est son attitude par rapport à ce qu'il dit? Quel point de vue cherche-t-il à défendre ou à imposer? Est-ce que ce passage « colle » avec d'autres passages, ou la ligne générale du texte? Ou, au contraire, a-t-il l'air en contradiction avec le début du texte?

9. 12 formules d'amorce pour vous aider.
Ceux qui n'ont jamais fait cet exercice ont souvent du mal à comprendre ce que signifie la consigne: « parler à haute voix sur son cahier ». Pour les aider à démarrer, voici une liste « d'amorces »:

1. Je commence à penser que...
2. J'ai le sentiment que...
3. J'aime cette manière de...
4. Je n'arrive pas à comprendre que...
5. Je ne peux pas croire que...
6. C'est ici que j'ai réalisé que...
7. Je me demande si...
8. J'ai remarqué que...
9. Je suis surpris par...
10. Je pense que...
11. Si j'étais...
12. Je ne suis pas sûr(e) que...
etc.

N.B.: Après avoir tenu votre journal pendant un certain temps, il sera intéressant de le relire et de noter les amorces que vous employez le plus souvent. Elles vous renseigneront beaucoup sur vos types de réaction, donc sur vous-même (source: Bard College, N.Y., USA).

APPLICATION : REPONDRE A UNE LETTRE UN PEU DIFFICILE

ACCUEIL (des idées de l'autre)	REACTIONS (idées de réponse)
auiter simulacra feruntur, et feriunt o	*naturam noscere rerum : proinde ani*
ssidet ignis multa, dolorem oculis qu	*ea praeter creditur ire. Et fugere ad pu*
mina multa fluunt simulacris obuia	*cauernis cuncta uidentur, et adsiduo s*
nebris autem quae sunt in luce tuem	*Solque pari ratione manere et luna ui*
nfestim lucidus aer, qui quasi purgat	*quos liber patet exitus ingens, insula*
age pollens. Qui simul atque uias oc	*uideantur, ubi ipsi desierunt uerti, u*
nt in luce, lacessuntque ut uideamus	*erigere alte cum coeptat natura supraq*
i cuncta foramina complet, obsiditq	*uitantque tueri ; sol etiam caecat, con*
rnimus urbis, propterea fit uti uidean	*et feriunt oculos turbantia compositu*

Le « centering journal » : pour structurer la pensée

Ainsi la première partie du *log-book* est rédigée de manière analytique et chronologique, au fur et à mesure des lectures de l'étudiant. Bien qu'il fasse fonctionner le « cerveau droit » dans la colonne « réactions », ce mode de lecture-écriture reste quand même à dominante gauche : séquentiel et linéaire.

Le but du « centering journal » est d'opérer un transfert de ce premier travail vers le cerveau droit : global, conceptuel, synthétique et subjectif. Il s'agit maintenant de prendre de la distance par rapport à ses propres notes pour en dégager les idées essentielles. Idées maîtresses qui formeront la thèse, donc la charpente, le plan, du futur texte. Pour cela, un bon moyen consiste :

1. à relire ces premières notes et à cocher ou souligner celles qui paraissent les plus importantes ;
2. à ordonner ces idées clés dans le « centering journal » de manière à réaliser le canevas du futur plan du devoir.

Pour ce faire, on peut utiliser les procédés spatiaux de prise de notes (tels qu'ils ont été déjà exposés aux chapitres 5 et 7) et *La méthode SPRI.*

Le « process journal » ou journal intime de travail

Troisième partie du *log-book :* le « process journal » qui est votre journal intime de travail. Il est d'autant plus utile à tenir que le texte qu'il doit accompagner est long et difficile, et que son élaboration doit se poursuivre sur plusieurs semaines, mois ou années. C'est une technique qui a pour but d'écrire ses difficultés pour mieux les objectiver, et donc mieux les vaincre. Elle est pratiquée par de nombreux écrivains ou romanciers qui s'astreignent, tous les jours ou toutes les semaines, à écrire sur l'avancement de leur travail soit sous forme de journal intime, soit sous forme de lettres à une personne de confiance, soit les deux. Dans le cas de grands écrivains, ces journaux et ces lettres sont parfois publiés après leur mort. C'est le cas du *Journal* de Flaubert, et de sa *Correspondance avec Louise Collet,* qui fut sa maîtresse et son égérie pendant de nombreuses années.

> Exemple de « journal intime »
>
> 24 janvier. *Je viens de terminer le futur chapitre 3. Il m'a demandé plus de 2 semaines et j'ai eu beaucoup de mal à le structurer. Je ne suis pas sûr qu'il ne pourrait pas être amélioré. Je vais le faire lire à Jacques qui me donnera son avis.*
>
> 30 janvier. *Je viens de terminer le livre de B.M. Barth sur* L'apprentissage de l'abstraction. *Il m'a beaucoup intéressé. L'auteur y analyse en effet clairement des processus mentaux qui nous sont souvent inconscients. J'ai pris des notes sur une feuille pour pouvoir utiliser quelques-unes de ces idées dans la conclusion.*
>
> 4 février. *Le chapitre 3 vient de revenir de la frappe. Je l'envoie à Jacques.*

8 février. Jacques trouve ce chapitre pas mal. Tant mieux. Mais je me méfie : il faudra voir comment il se relie avec le reste du texte. A relire *dans cette optique.*

L'exploitation pédagogique des log-books

Si plusieurs personnes ont tenu un journal de lecture sur le même livre, elles seront très intéressées de confronter leurs réactions. Des professeurs animent de telles séances, en classe, ou par sous-groupes. De plus, certains élèves donnent ces journaux à lire à leur professeur qui peut rajouter en marge la réponse à leurs difficultés. Si, par exemple, en groupe, un élève lit dans son cahier : « Au chapitre 1, j'ai très bien vu ce que voulait dire Hemingway », le professeur peut lui poser la question : « Qu'est-ce que vous avez vu exactement ? » Si un autre élève lit : « A ce moment, j'ai compris que Margot devenait malheureuse », le professeur peut lui demander : « A quoi l'avez-vous compris ? », etc.

N.B. : cette façon de procéder est bien plus intéressante pour les élèves que la traditionnelle « explication de texte ». Cette dernière accrédite à la longue l'idée qu'il n'existe qu'une « bonne » manière de réagir à un texte : celle du manuel ou du professeur. Elle incite, trop souvent, les élèves à « plaquer » sur le texte les explications savantes du manuel de littérature. Et puis elle dégoûte les élèves de lire (sauf les BD)...

Les 4 utilisations du journal de lecture en classe

1. Comme « préparation de texte » à faire à la maison.
2. Comme « devoir de résumé » et/ou de « commentaire de texte ».
3. Comme base de discussion en petits groupes.
4. Enfin et surtout, à terme, comme entraînement à la production de textes personnels.

Comment réussir un commentaire composé

Le commentaire composé est un genre universitaire qui consiste à analyser et apprécier un texte littéraire sous forme d'essai — ou si l'on préfère de dissertation (pour employer le terme utilisé en classe).

On sait que le commentaire *suivi* consiste à analyser et à commenter le texte en suivant son ordre chronologique. Le commentaire *composé* suppose sans doute que l'étudiant réalise ce premier travail indispensable pour lui-même ; mais il exige un double travail supplémentaire :

— sur le fond, que l'étudiant formule une *appréciation personnelle globale*, sur le texte entier;
— sur la forme, que cette appréciation soit présentée sous forme d'un texte composé, c'est-à-dire d'une dissertation *structurée*.

La difficulté de l'exercice : allier les 2 cerveaux

De fait, la difficulté principale de cet exercice consiste à allier le maximum de subjectivité au maximum d'objectivité.
L'essai doit être franchement *subjectif*, en ce sens qu'il doit clairement exprimer le jugement personnel de l'étudiant, son appréciation originale sur le texte : les idées que l'auteur a exprimées, et la manière dont il les a exprimées («cerveau droit»).
Mais la règle du jeu veut que ce jugement ne soit pas plaqué sur le texte de l'extérieur, mais tiré de l'analyse la plus *objective* possible du texte même («cerveau gauche»).
L'examen des mauvaises copies témoigne de l'existence de deux défauts opposés : l'objectivité sans subjectivité ; ou la subjectivité sans objectivité.

Dans le premier cas, la copie n'est que le (morne) catalogue de remarques sur le texte. Remarques qui ne sont le plus souvent que la *paraphrase* des idées de l'auteur, et dans l'ordre même du texte. L'étudiant colle trop étroitement à l'objectivité du texte. Cela, sans doute, par peur de s'engager dans une réflexion personnelle qui — pense-t-il — risque de déplaire au professeur... Le résultat, c'est qu'il ne fait que redire — en moins bien — ce que l'auteur a déjà dit ! Dans ce cas, le lecteur aurait tout intérêt à lire directement le texte original, sans ces commentaires fragmentaires qui ne lui apportent rien de bien éclairant pour mieux l'apprécier. Cet élève montre, dans cette affaire, une trop forte dominante «cerveau gauche». A l'inverse, le cas suivant montre une trop grande dominante «cerveau droit», déconnectée du «mode gauche».

Plus rarement, on trouve le cas inverse : *l'excès de subjectivité non argumentée à partir du texte même.* L'étudiant formule un jugement à l'emporte-pièce sur l'auteur et son texte : souvent il l'adore, parfois il le déteste. Souvent cette louange ou ce blâme excessif ne sont pas tirés de l'analyse du texte entier, mais d'une réaction émotive à *une* idée ou *un* passage isolés. Dans d'autres cas, ce seront des jugements beaucoup moins personnels tirés — on s'en doute — de quelque manuel de littérature, mais souvent beaucoup trop *généraux* par rapport au texte précis à commenter.

Au contraire, les *meilleures copies* sont celles où l'étudiant a su présenter un point de vue personnel sur le texte, mais tiré du texte même. Cela suppose non seulement des réactions personnelles à chaque passage du texte. Mais encore la capacité de les organiser de manière synthétique en un tout cohérent et argumenté, qui ait quelque pouvoir de conviction sur le lecteur-professeur.

Trop de professeurs décrivent — comme je viens de le faire — le cahier des charges du produit fini (la bonne copie). Mais ils n'indiquent pas clairement *la marche à suivre*

pour obtenir ce résultat; laissant aux élèves le soin de la trouver par eux-mêmes à travers essais, erreurs et découragements...
Il est pourtant possible de décrire une telle méthode. Elle se fonde sur la technique de «visualisation créative», typiquement «mode droit». Ensuite, le «mode gauche» intervient pour organiser et structurer la matière ainsi récoltée. C'est ce que nous verrons dans la partie suivante. En attendant voici un premier exemple qui précise ce que je veux dire.

Premier exemple de commentaire simple de texte

Une fable de La Fontaine: *La mouche du coche.*

Pour faire bref, je limite ici la démonstration au commentaire des trois premiers vers:

> «Sur un chemin montant, sablonneux, malaisé
> Et de tous les côtés au soleil exposé
> Six forts chevaux tiraient un coche. [...]»

Ce qu'il ne faut pas faire: la paraphrase
Voici un mauvais commentaire de texte:
Dans la première phrase, La Fontaine nous décrit un coche qui monte une côte sur un chemin sablonneux et difficile. Comme il y a du sable, le coche ne peut pas rouler facilement, il s'enfonce; de plus, le soleil tape, il fait très chaud, ce qui rend ce voyage encore plus pénible pour les voyageurs et les six chevaux qui tirent cette diligence. Ils ont beau être forts, ils ont de la difficulté à tirer le coche.
L'élève qui a écrit cela, n'a fait que répéter, en la délayant, ce que l'auteur, a déjà écrit. Il se borne à expliquer des évidences dont le lecteur n'a pas besoin pour comprendre (le sable sur la route et le soleil dans le ciel rendent cette montée pénible...) Il explique la scène, non pas de la manière dont l'auteur l'a rendue par son style, ce qui était le but de l'exercice.

Ce qu'il faut faire: analyser le sytle de l'auteur
Voici une bonne copie:
Dans les trois premiers vers de la fable, La Fontaine situe l'action, en nous faisant sentir l'effort extrême avec lequel une diligence est en train de gravir une côte. Pour cela il combine 3 procédés. D'abord par la longueur même de la phrase qui s'étend sur 3 vers (20 mots), il nous fait ressentir la lenteur de cette ascension. Ensuite, ce sentiment de difficultés multiples est renforcé par l'accumulation de quatre compléments, juxtaposés, simplement séparés par des virgules. Enfin et surtout, par une inversion complète de l'ordre normal

des mots: les 4 compléments qui décrivent les circonstances de l'action viennent en tête, alors que le sujet, à savoir les chevaux tirant le coche, ne viennent qu'ensuite. Cela pour bien nous signifier qu'ils sont en position de faiblesse: le coche est à la traîne de la phrase, comme il l'est en réalité dans la scène.

Comment ce bon élève a-t-il procédé? S'il a utilisé la méthode des 2 colonnes, voici quel aura été son brouillon:

(cerveau droit) impression subjective	(cerveau gauche) aspects objectifs
une certaine impression de "difficile", de "pénible"	• *phrase longue (20 mots)* • *verbe rejeté à la fin* • *sujet rejeté à la fin* • *3 compléments assez longs, venant en tête de phrase, en apposition.*

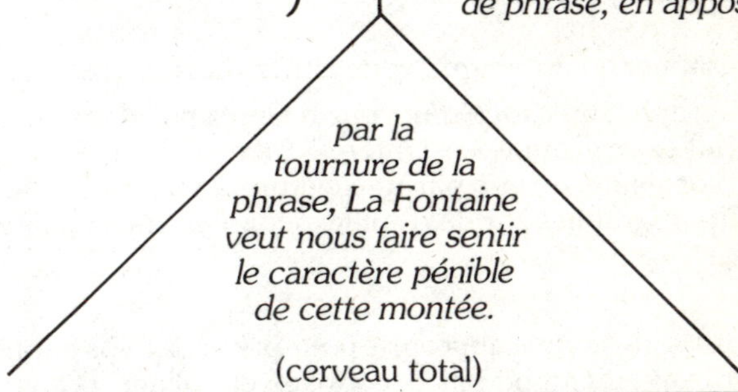

N.B.: Analyser et commenter l'image
Dans *L'écriture créative* j'ai montré, au chapitre 4, comment on peut analyser une image par la même technique.

Le commentaire composé de texte littéraire par la méthode des 3 images

Sur un texte littéraire, comment écrire un commentaire composé qui exprime votre point de vue personnel, mais de manière argumentée et convainquante pour le lecteur?
John Paskus, du Bard College, recommande à ses étudiants de procéder en 6 étapes, selon un minutage précis (entre parenthèses).

I. Lire
Lisez le texte au moins 2 fois, en silence, et/ou à *haute voix*. Par la lecture à haute voix,

vous pouvez *renforcer* ce que vous pensez être les intentions de l'auteur, dramatiser le texte, voire l'exagérer, ou le parodier, pour mieux comprendre son sens. Ecoutez cette «voix» du texte et accueillez les réactions qu'elle provoque en vous.

II. Noter

1. Mettez le texte de côté, et écrivez la liste des images mentales dont vous vous souvenez. Cernez 3 images importantes sur lesquelles vous voulez vous exprimer.
2. Décrivez la première image (5').
3. Écrivez ce qu'elle évoque pour vous (3').
4. Refaites-le pour la deuxième et la troisième image en respectant les mêmes temps (5' +3').

N.B.: N'écrivez que sur un côté de la page. Vous pouvez revenir au texte pour vérifier, mais écrivez surtout à partir de vos impressions.

5. Quatrième paragraphe: écrivez ce que ces images ont en commun, quel(s) thème(s) se retrouve dans ce que vous avez écrit?
6. Cinquième paragraphe: quelle appréciation formulez-vous sur le texte à partir de ces 3 images?
7. Sixième paragraphe: qu'est-ce que vous aimez dans ce texte, et pourquoi?
8. Septième paragraphe: qu'est-ce que vous n'aimez pas dans ce texte, et pourquoi?

N.B.: Si vous travaillez en groupe, il est intéressant de vous arrêter après les points 1 et 3, pour partager vos points de vue par une lecture à voix haute de vos notes.
En écrivant ces 7 paragraphes sur des feuilles séparées vous facilitez le travail à venir de structuration.

III. Structurer

Trouvez l'ordre qui vous semble approprié pour présenter vos paragraphes. Matérialisez cet ordre par classement, ou par découpage et collage, ou par numérotation en marge.

N.B.: Si vous n'arrivez pas à choisir cet ordre vous pouvez essayer le suivant:
1. Votre appréciation, 2. Ce que vous aimez, 3. Les images et leur signification, 4. Ce que vous n'aimez pas, 5. Ce que ces 3 images ont en commun.

Arrêtez-vous et réfléchissez: cet ordre a-t-il besoin d'être modifié ou complété? Si oui, faites-le.

IV Réécrire (si c'est possible)

Ecrivez les transitions qui vous semblent nécessaires pour donner à votre essai plus de cohérence et d'unité. Mettez-le en forme: en adoucissant les raccords entre les paragraphes, en les réorganisant au besoin, et en supprimant les passages non pertinents.

Lisez ce manuscrit à un ami et demandez-lui de répondre — sans discuter et dans l'ordre — aux 3 points suivants:

1. Désigner les passages ou les idées qui l'ont le plus frappé.
2. Lire de manière expressive les passages qui l'ont «chiffonné» de façon à vous pousser à les améliorer.
3. Résumez brièvement les idées clés et les arguments qui les supportent, tel qu'il les a compris.

Reprenez votre texte en tenant compte des réactions de votre lecteur et améliorez-le.

N.B.: Evitez de discuter avec votre lecteur. Il est là pour vous faire prendre conscience de la manière dont vous vous êtes exprimé et non pas pour vous pousser à modifier le texte en fonction de son opinion à lui sur le sujet du texte.

V. Polir
Relisez pour corriger les fautes d'orthographe, de grammaire et les maladresses.

Tapez ou recopiez au propre.

Vérifiez une dernière fois.

VI. Apprécier
Selon votre humeur et le temps qu'il vous reste, lisez votre essai à haute voix comme récompense de vos efforts!
Après la correction du professeur, notez soigneusement ses remarques pour vous améliorer dans l'avenir.

Emploi du temps
Le tout doit durer 3 heures et demie. Les étapes 1, 2, 3 doivent être faites à la suite. Les étapes 4, 5 peuvent être accomplies plus tard, à un moment que vous pouvez juger plus favorable, et qui vous laisse encore le temps d'accueillir de bonnes idées.

N.B.: Il est recommandé d'enseigner cette méthode en classe avant de demander aux étudiants de s'y exercer individuellement chez eux.

Exercice d'application de cette méthode

Il s'agit d'un sujet donné au bac: le commentaire composé d'un passage de *Madame Bovary* de Flaubert (je ne donne ici qu'un résumé très succinct).

(Emma Bovary, qui mène à Yonville une existence morne et sans rapport avec ses goûts, assiste à l'opéra de Rouen, à une représentation de *Lucie de Lamermoor*. Elle admire le ténor Edgar Lagardy).
«Dès la première scène, il enthousiasma. Il pressait Lucie dans ses bras, il la quittait, il revenait, il semblait désespéré. Il avait des éclats de colère, puis des râles élégiaques d'une douceur infinie, et les notes s'échappaient de son cou nu, pleines de sanglots et de baisers. Emma se penchait pour le voir, égratignant avec ses ongles le velours de sa

loge. Elle s'emplissait le cœur de ces lamentations mélodieuses qui se traînaient à l'accompagnement des contrebasses, comme des cris de naufragés dans le tumulte d'une tempête. Elle reconnaissait tous les enivrements et les angoisses dont elle avait manqué mourir. La voix de la chanteuse ne lui semblait être que le retentissement de sa conscience, et cette illusion qui la charmait, quelque chose de sa vie. Mais personne sur terre ne l'avait aimée d'un pareil amour. Il* ne pleurait pas comme Edgar, le dernier soir, au clair de lune, lorsqu'ils se disaient: «A demain; à demain!...» La salle craquait sous les bravos; on recommença la strette** entière; les amoureux parlaient des fleurs de leur tombe, de serments, d'exil, de fatalité, d'espérances, et quand ils poussèrent l'adieu final, Emma poussa un cri aigu, qui se confondit avec la vibration des derniers accords.»

Vous ferez de ce texte un commentaire composé. Vous pourriez, par exemple, analyser le regard ironique porté par Flaubert à la fois sur l'exaltation de son personnage et sur la médiocrité du spectacle qui en est la cause.

Besançon, épreuve anticipée, juin 1983: A, B, C, D, E.

* Emma pense à Rodolphe, son amant, qui l'a abandonnée.
** Strette: terme de la langue musicale.

(Solution p. 159.)

CONCLUSION : TABLEAU DE SYNTHÈSE

LECTURE / PRISE DE NOTES /ECRITURE

MODE GAUCHE :

distanciation objective :

“moi face au texte”

MODE DROIT :

fusion subjective :

“le texte en moi”

LECTURE OBJECTIVE, ACTIVE
visant à assimiler la pensée de l’auteur telle qu’elle est*.

LECTURE SUBJECTIVE, REACTIVE
visant à “écouter” les réactions que l’auteur provoque en moi*.

PRISE DE NOTES

- Objective
- Structurale
(plan mis en évidence, c’est-à-dire : idées clés)

- Subjective
“Pinging” (réactionnelle) en marge, au fil du texte, par des associations libres. Puis à la fin comme impression globale.

PRODUCTION D’ECRITS
DEVOIRS

- Résumé
- Contraction de texte
- Synthèse

- Commentaire composé
- Dissertation

* Cet auteur ce peut être moi-même si je me relis pour corriger mon brouillon : à “gauche” je corrigerai par exemple une faute d’orthographe ; à “droite” une expression malheureuse qui risquerait d’indisposer mon lecteur.

CHAPITRE XII

Récapitulation sur un exemple : 4 lectures de l'article « Une relecture de Courbet »

Voici un article que j'ai découpé dans *Le Figaro,* à la page des « Arts », en décembre 1986.

Première lecture : survol global (ci-contre)

Mon œil est d'abord attiré par le titre (c'est le seul point saillant du texte car il ne comporte ni sous-titres, ni illustration). Ce titre m'indique le sujet de l'article : le peintre *Courbet* (dont j'ai entendu parler par ailleurs), mais dont je n'ai qu'une connaissance plutôt lointaine et un peu superficielle...

Le terme de « *relecture* » m'indique que l'auteur se propose de donner une nouvelle interprétation de son œuvre, ou du moins d'y jeter un regard *nouveau* (ce qui m'incite à lire).

Enfin, la première et la dernière ligne du texte m'indiquent que cet article est écrit à propos de *l'exposition* « Courbet » qui a lieu actuellement à Montpellier. Je décide donc de poursuivre ma lecture.

Deuxième lecture : un exemple de lecture réactive

Je note mes impressions personnelles en face du texte (p. 152-153).

Troisième lecture : structurale classique

Pour comprendre ce que veut me dire l'auteur, j'essaye de reconstituer la structure de sa pensée à travers le plan de l'article qui comprend 9 paragraphes. Dans chacun je souligne les mots clés (p. 154).

> *Introduction : Courbet mal connu.*
>
> <u>*Première partie : l'homme Courbet*</u>
> *2. pas révolutionnaire...*
> *3. ... mais paranoïaque.*

Une relecture de Courbet

L'EXPOSITION Courbet, au musée Fabre de Montpellier, nous force encore une fois à nous poser un certain nombre de questions sur ce peintre singulier, dont l'importance, pourtant immense, n'est pas reconnue à sa juste valeur. Elles sont pourtant nombreuses les expositions qui nous ont montré la splendeur de cette peinture, la maîtrise de ces toiles qui, à elles seules, sont planètes autonomes. Il y eut celle du centenaire à Paris en 1977, celle de Londres en 1978, deux preuves évidentes, qui criaient : Courbet est un génie, un des très grands peintres de notre histoire. Et les critiques d'ajouter, un génie « réaliste ».

Première ambiguïté, pour l'expliquer il faut parler de l'homme Courbet, né d'une famille aisée, vendant toute sa vie ses tableaux à des prix considérables, qui se croyait l'ami des pauvres. Ce sont ses amis et surtout Proudhon qui lui font cette réputation de révolutionnaire redoutable, alors que la seule position politique qui fut la sienne se réduisait à ceci : il n'aimait pas Napoléon III. Ce n'est pas pour cette raison qu'il était socialiste, pas plus que ne l'était Victor Hugo qui préféra s'exiler plutôt que vivre sur la même terre que le petit neveu de Bonaparte.

Les amis de Courbet créèrent un personnage qui n'a rien à faire avec la vérité : ami du peuple donc réaliste. Et cette vérité est pourtant évidente : Courbet est un paranoïaque et le sera toute sa vie, son idée fixe et principale : le culte de sa personne, qui doit être magnifiée, glorifiée, par sa propre peinture. Courbet est un mégalomane, conséquence inévitable de sa paranoïa, il voit tout en grand, le cosmos tout entier et lui au centre. Dans une certaine mesure il se prend pour Dieu, il suffit de « lire » avec attention le tableau intitulé « L'Atelier du peintre » actuellement au Louvre et bientôt, heureusement, au musée d'Orsay, avec « L'Enterrement à Ornans » et quelques autres chefs-d'œuvre.

Et j'espère de tout cœur qu'installé dans ce nouveau musée, Gustave Courbet ne se voit pas, encore une fois, affublé de la trompeuse étiquette de « réaliste », il ne l'est pas et ne le fut jamais. Cézanne disait de lui « il peint comme les vieux. » C'est un compliment. Il peint, pensait Cézanne, comme ces incroyables magiciens d'autrefois, qui rendaient la réalité plus réelle qu'elle ne peut l'être.

Dans un premier temps, c'est ce que fait Courbet. Il extrait la réalité de sa gangue, de son carcan, et elle devient irréelle. Dans un deuxième temps, par une étrange opération d'alchimie, il décale cette réalité soudaine onirique, délivrée des pesanteurs du temps et de l'espace.

En fait, substantiellement, Courbet est un romantique. C'est même le dernier des romantiques. Il l'est parce que profondément il vit dans le mythe et le fantasme.

Depuis toujours halluciné, à part, marginal. Il faut regarder, avec attention, cet admirable tableau, admirable et terrifiant, ce « Portrait de l'artiste », ici, le réalisme a été chassé, ici, le regard voit au-delà de tous les miroirs, ici, l'homme se livre dans sa nudité totale. Il veut, à partir d'éléments de la réalité, imaginer un monde à nul autre pareil qui soit le sien, unique.

Courbet est romantique, mais aussi baroque. Il y a dans sa pensée créatrice cette idée fondamentale que la réalité, à la condition qu'elle soit dépassée, ne peut être représentée sur la toile que mise en scène. Courbet, aujourd'hui, ferait merveille avec une caméra. C'est un metteur en scène qui compose l'invraisemblable et totalement baroque « L'Atelier du peintre », un metteur en scène qui cadre l'« Hallali du cerf », construit au sens hollywoodien du terme « L'Enterrement à Ornans ».

Courbet est le dernier romantique de ce XIXe siècle, si riche en création picturale, peut-être aussi le premier peintre fantasmatique annonçant par ses folies, ses délires, ses transpositions fulgurantes, la grande révolution picturale qui éclatera bientôt.

H.-F. R.

● *Musée Fabre à Montpellier jusqu'au 29 décembre.*

Une relecture de Courbet

Pourquoi relire ?

Au fait, quelles dates ? voir dans le dictionnaire

L'EXPOSITION Courbet, au musée Fabre de Montpellier, nous force encore une fois à nous poser un certain nombre de questions sur ce peintre singulier, dont l'importance, pourtant immense, n'est pas reconnue à sa juste valeur. Elles sont pourtant nombreuses les expositions qui nous ont montré la splendeur de cette peinture, la maîtrise de ces toiles qui, à elles seules, sont planètes autonomes. Il y eut celle du centenaire à Paris en 1977, celle de Londres en 1978, deux preuves évidentes, qui criaient : Courbet est un génie, un des très grands peintres de notre histoire. Et les critiques d'ajouter, un génie « réaliste ».

Pourtant je croyais que Courbet était reconnu comme un grand peintre.

Première ambiguïté, pour l'expliquer il faut parler de l'homme Courbet, né d'une famille aisée, vendant toute sa vie ses tableaux à des prix considérables, qui se croyait l'ami des pauvres. Ce sont ses amis et surtout Proudhon qui lui font cette réputation de révolutionnaire redoutable, alors que la seule position politique qui fut la sienne se réduisait à ceci : il n'aimait pas Napoléon III. Ce n'est pas pour cette raison qu'il était socialiste, pas plus que ne l'était Victor Hugo qui préféra s'exiler plutôt que vivre sur la même terre que le petit neveu de Bonaparte.

Effectivement, c'est peu connu.

A noter.

Il a pourtant renversé la colonne Vendôme vers 1848, je crois...

Les amis de Courbet créèrent un personnage qui n'a rien à faire avec la vérité : ami du peuple donc réaliste. Et cette vérité est pourtant évidente : Courbet est un paranoïaque et le sera toute sa vie, son idée fixe et principale : le culte de sa personne, qui doit être magnifiée, glorifiée, par sa propre peinture. Courbet est un mégalomane, conséquence inévitable de sa paranoïa, il voit tout en grand, le cosmos tout entier et lui au centre. Dans une certaine mesure il se prend pour Dieu, il suffit de « lire » avec attention le tableau intitulé « L'Atelier du peintre » actuellement au Louvre et bientôt, heureusement, au musée d'Orsay, avec « L'Enterrement à Ornans » et quelques autres chefs-d'œuvre.

Quelles preuves ?

Relire l'article sur ce tableau paru dans Beaux-Arts Magazine.

Et j'espère de tout cœur qu'installé dans ce nouveau musée, Gustave Courbet ne se voit pas, encore une fois, affublé de la trompeuse étiquette de « réaliste », il ne l'est pas et ne le fut jamais. Cézanne disait de lui « il peint comme les vieux. » C'est un compliment. Il peint, pensait Cézanne, comme ces incroyables magiciens d'autrefois, qui rendaient la réalité plus réelle qu'elle ne peut l'être.

Dans un premier temps, c'est ce que fait Courbet. Il extrait la réalité de sa gangue, de son carcan, et elle devient irréelle. Dans un deuxième temps, par une étrange opération d'alchimie, il décale cette réalité soudaine onirique, délivrée des pesanteurs du temps et de l'espace.

Son style est pourtant "réaliste".

En fait, substantiellement, Courbet est un romantique. C'est même le dernier des romantiques. Il l'est parce que profondément il vit dans le mythe et le fantasme.

Depuis toujours halluciné, à part, marginal. Il faut regarder, avec attention, cet admirable tableau, admirable et terrifiant, ce « Portrait de l'artiste », ici, le réalisme a été chassé, ici, le regard voit au-delà de tous les miroirs, ici, l'homme se livre dans sa nudité totale. Il veut, à partir d'éléments de la réalité, imaginer un monde à nul autre pareil qui soit le sien, unique.

Connais pas.

Courbet est romantique, mais aussi baroque. Il y a dans sa pensée créatrice cette idée fondamentale que la réalité, à la condition qu'elle soit dépassée, ne peut être représentée sur la toile que mise en scène. Courbet, aujourd'hui, ferait merveille avec une caméra. C'est un metteur en scène qui compose l'invraisemblable et totalement baroque « L'Atelier du peintre », un metteur en scène qui cadre l'« Hallali du cerf », construit au sens hollywoodien du terme « L'Enterrement à Ornans ».

en quoi ?
(le baroque tente de reproduire la vie par le mouvement)

au fond c'est assez juste.

Courbet est le dernier romantique de ce XIXe siècle, si riche en création picturale, peut-être aussi le premier peintre fantasmatique annonçant par ses folies, ses délires, ses transpositions fulgurantes, la grande révolution picturale qui éclatera bientôt.

Est-ce exact ?
Trop exagéré ?

H.-F. R.

● ***Musée Fabre à Montpellier jusqu'au 29 décembre.***

EXEMPLE DE LECTURE STRUCTURALE PAR SOULIGNAGE DES MOTS CLÉS

Une relecture de Courbet

L'EXPOSITION Courbet, au musée Fabre de Montpellier, nous force encore une fois à nous poser un certain nombre de questions sur ce peintre singulier, dont l'importance, pourtant immense, n'est pas reconnue à sa juste valeur. Elles sont pourtant nombreuses les expositions qui nous ont montré la splendeur de cette peinture, la maîtrise de ces toiles qui, à elles seules, sont planètes autonomes. Il y eut celle du centenaire à Paris en 1977, celle de Londres en 1978, deux preuves évidentes, qui criaient : Courbet est un génie, un des très grands peintres de notre histoire. Et les critiques d'ajouter, un génie « réaliste ».

Première ambiguïté, pour l'expliquer il faut parler de l'homme Courbet, né d'une famille aisée, vendant toute sa vie ses tableaux à des prix considérables, qui se croyait l'ami des pauvres. Ce sont ses amis et surtout Proudhon qui lui font cette réputation de révolutionnaire redoutable, alors que la seule position politique qui fut la sienne se réduisait à ceci : il n'aimait pas Napoléon III. Ce n'est pas pour cette raison qu'il était socialiste, pas plus que ne l'était Victor Hugo qui préféra s'exiler plutôt que vivre sur la même terre que le petit neveu de Bonaparte.

Les amis de Courbet créèrent un personnage qui n'a rien à faire avec la vérité : ami du peuple donc réaliste. Et cette vérité est pourtant évidente : Courbet est un paranoïaque et le sera toute sa vie, son idée fixe et principale : le culte de sa personne, qui doit être magnifiée, glorifiée, par sa propre peinture. Courbet est un mégalomane, conséquence inévitable de sa paranoïa, il voit tout en grand, le cosmos tout entier et lui au centre. Dans une certaine mesure il se prend pour Dieu, il suffit de « lire » avec attention le tableau intitulé « L'Atelier du peintre » actuellement au Louvre et bientôt, heureusement, au musée d'Orsay, avec « L'Enterrement à Ornans » et quelques autres chefs-d'œuvre.

Et j'espère de tout cœur qu'installé dans ce nouveau musée, Gustave Courbet ne se voit pas, encore une fois, affublé de la trompeuse étiquette de « réaliste », il ne l'est pas et ne le fut jamais. Cézanne disait de lui « il peint comme les vieux. » C'est un compliment. Il peint, pensait Cézanne, comme ces incroyables magiciens d'autrefois, qui rendaient la réalité plus réelle qu'elle ne peut l'être.

Dans un premier temps, c'est ce que fait Courbet. Il extrait la réalité de sa gangue, de son carcan, et elle devient irréelle. Dans un deuxième temps, par une étrange opération d'alchimie, il décale cette réalité soudaine onirique, délivrée des pesanteurs du temps et de l'espace.

En fait, substantiellement, Courbet est un romantique. C'est même le dernier des romantiques. Il l'est parce que profondément il vit dans le mythe et le fantasme.

Depuis toujours halluciné, à part, marginal. Il faut regarder, avec attention, cet admirable tableau, admirable et terrifiant, ce « Portrait de l'artiste », ici, le réalisme a été chassé, ici, le regard voit au-delà de tous les miroirs, ici, l'homme se livre dans sa nudité totale. Il veut, à partir d'éléments de la réalité, imaginer un monde à nul autre pareil qui soit le sien, unique.

Courbet est romantique, mais aussi baroque. Il y a dans sa pensée créatrice cette idée fondamentale que la réalité, à la condition qu'elle soit dépassée, ne peut être représentée sur la toile que mise en scène. Courbet, aujourd'hui, ferait merveille avec une caméra. C'est un metteur en scène qui compose l'invraisemblable et totalement baroque « L'Atelier du peintre », un metteur en scène qui cadre l'« Hallali du cerf », construit au sens hollywoodien du terme « L'Enterrement à Ornans ».

Courbet est le dernier romantique de ce XIXe siècle, si riche en création picturale, peut-être aussi le premier peintre fantasmatique annonçant par ses folies, ses délires, ses transpositions fulgurantes, la grande révolution picturale qui éclatera bientôt.

H.-F. R.

● *Musée Fabre à Montpellier jusqu'au 29 décembre.*

Deuxième partie : le peintre Courbet
4. pas réaliste...
5. ....
6. mais romantique...
7. ....
8. et aussi baroque.
9. Conclusion : Courbet dernier peintre romantique.

Quatrième lecture : SPRI

Situation : une nouvelle exposition Courbet nous invite à reconsidérer son œuvre.

Problème : un génie reconnu sur lequel on commet des erreurs : il passe pour un peintre « réaliste », est-ce exact ?

Résolution de principe : expliquer le « mythe Courbet » en deux temps : l'homme et le peintre.

INFORMATION détaillée 1 : l'homme Courbet
Il passe pour un socialiste : ce n'était qu'un bourgeois : le mythe a été créé par ses amis parce qu'il n'aimait pas Napoléon III.
En réalité, c'était un mégalomane, un paranoïaque.

INFORMATION détaillée 2 : le peintre Courbet
Il passe pour « réaliste » ; en réalité il magnifie la réalité, la rend onirique.
En fait, c'est un romantique car il vit dans le mythe et le fantasme.
De plus, c'est un baroque qui « met en scène » la réalité.

Conclusion : c'est le dernier romantique du XIXe siècle, et il annonce la grande révolution de la peinture moderne.

N.B. : Ce type de lecture met mieux en valeur les thèses assez polémiques de l'auteur. Elle permet aussi de rédiger facilement un résumé de l'article.

CONCLUSION

Enseigner et apprendre la prise de notes

Pour un enseignement croisé

«Les professeurs ordinaires apprennent des matières, les bons professeurs apprennent des méthodes.» Ce dicton renferme une large part de vérité: plus tard les matières passeront en bonne partie, tandis que les méthodes de travail intellectuel, intégrées à la personnalité, resteront une seconde nature, qu'on appelle souvent «culture générale».
Cela ne signifie pas pour autant que le bon professeur n'enseigne pas de contenu de programme. Mais il croise sans cesse ce contenu avec les méthodes de travail correspondantes: lire, écrire, compter, résoudre des problèmes... Et bien sûr la base indispensable de toutes ces techniques: prendre des notes.
Ainsi, cet enseignement idéal se présenterait comme un tableau carré à double entrée: matières x méthodes.
Sans doute beaucoup d'enseignants le font déjà plus ou moins implicitement. Reste qu'ils gagneraient beaucoup d'efficacité en l'annonçant *explicitement* à leurs élèves. D'abord en début d'année lors de l'annonce du programme. Ensuite au début de chaque cours. Enfin, lors d'un cours de révisions-synthèse à la fin de l'année, qui consoliderait les techniques apprises ou revues pendant l'année.
Un tel enseignement, plus spécifique et approfondi pour chaque spécialité, apparaît à nouveau nécessaire en début d'études universitaires et, enfin, au début de la vie active dans le cadre de l'entreprise.

Les professeurs de français ne doivent pas céder à la mode (cerveau gauche) de la spécialisation à outrance. Ils doivent, au contraire, reconquérir leurs *lettres de noblesse* en revendiquant d'être des hommes et des femmes de synthèse et de méthodes de travail.
Ils devraient notamment enseigner la prise de notes qui fait le pont entre les 4 techniques fondamentales du travail intellectuel:

ÉCOUTER ⇄ LIRE ⇄ PARLER ⇄ ÉCRIRE

C'est le vœu que je forme en publiant ce livre.

Solutions des exercices

Solution de l'exercice «Testez votre mémoire» (p. 77)

Normalement, vous avez très peu retenu de mots de la liste 1, un peu plus de la liste 2, plus de la liste 3, encore un peu plus de la liste 4. Pourquoi?

Parce que les mots de la liste 1 sont tous *abstraits* et donc difficiles à retenir, car ils ne font pas image dans notre tête. Ceux de la liste 2 sont tous *concrets* et renvoient à des images visuelles. Par exemple, il est assez facile de se figurer: «une vache au front orné d'un diamant, tenant un parapluie contre le soleil au-dessus de sa tête, une guitare en bandoulière, dessinant au stylo, assise sur un bidon rose, un singe tenant une montre». Aussi, même si vous n'avez pas utilisé cette image «baroque», vous avez probablement retenu plus de mots que dans la liste 1.

La liste 3 est en principe encore plus facile à retenir car elle n'est composée que de *verbes d'action.* Ce ne sont plus des objets statiques, mais des actions dynamiques que vous pouvez mimer mentalement. Dans ces conditions, votre score devrait être assez bon.

Reste que ces actions présentent encore des difficultés car elles ne sont pas ordonnées logiquement le long d'une trame unique. C'est ce qui se passe dans la *dernière liste:* les mêmes actions ont été reprises mais placées selon un enchaînement logico-chronologique. Dans ces conditions, vous pouvez repasser la scène dans votre esprit comme un film de cinéma et votre résultat a toutes les chances d'être excellent.

Gardez à l'esprit cet exercice chaque fois que vous voudrez retenir une suite d'éléments. Ne confiez pas à votre esprit des éléments abstraits et dans le désordre, mais fournissez-lui un petit scénario fait d'actions dynamiques, sur des choses concrètes. Ce petit travail supplémentaire sera toujours payant.

Reste que, dans la pratique, il n'est pas toujours possible de transformer les éléments abstraits en éléments concrets et dynamiques.

Une solution toujours possible: *l'analogie visuelle* à partir de séquences déjà bien connues. Soit, par exemple, à apprendre dans l'ordre les 10 opérations à effectuer pour mettre en route un système informatique. Supposez que vous avez une voiture et que vous connaissez par cœur les opérations à effectuer pour la faire démarrer (tourner la clé de contact, accélérer, faire chauffer le moteur, engager la première, etc.)... Faites alors l'analogie mentale: «ordinateur = voiture», et associez à chaque opération de la voiture, l'opération équivalente sur l'ordinateur. Le moment venu, il vous suffira de vous rappeler l'analogie «ordinateur = voiture» pour retrouver sans difficulté la procédure de mise en route. Les Anciens ne procédaient pas autrement avec leur «technique des lieux»: pour vaincre la difficulté, ils la transposaient dans un domaine familier comme la visite de leur propre maison, pièce par pièce. Et à chaque pièce ils associaient l'idée à mémoriser. Pour se souvenir, il ne leur restait plus qu'à reparcourir, en les visualisant, les différentes pièces de cette maison.

Solutions du résumé du discours de P. Valéry (p. 122)

Résumé - corrigé du professeur de français

Vous voici confrontés, jeunes gens, à une époque intéressante mais difficile à comprendre par suite de ses contradictions. Ce à quoi nous croyions solidement, et qui faisait du lendemain un avenir rassurant et stable, se trouve à présent remis en cause par la coexistence de notions antithétiques: pouvoir et incertitude, avoir et doute, futilité et inquiétude.

C'est à vous de prendre la relève. Devant une situation où tout est à revoir, dans tous les domaines, vous allez devoir, jeunes gens, compter surtout sur vous-mêmes, et faire preuve de facultés d'adaptation, car les connaissances ne suffisent pas: le savoir-faire est nécessaire.

La modernisation de la vie a pour conséquence une diminution des efforts physiques et intellectuels... Les exemples ne manquent pas, qui soulignent le goût de la facilité, entraînant, de l'avis d'un grand nombre, une diminution générale des valeurs spirituelles. Peut-être pourrait-on trouver, pour l'esprit, une solution semblable à celle du sport pour le corps. Je crois qu'il n'est pas faux de dire que l'absence d'effort équivaut à une perte de temps.

(183 mots)

Mon résumé structural SPRI du discours de Paul Valéry

(SITUATION)

Vous entrez dans la vie, jeunes gens, à une époque passionnante, mais difficile car pleine de contradictions.

(PROBLÈME)

Parce qu'il n'y a plus de certitudes établies et que nul ne peut prétendre connaître l'avenir, même ceux qui s'en flattent.

(RÉSOLUTION DE PRINCIPE)

Face aux avis contradictoires et incertains, la seule solution c'est de ne compter que sur vous-mêmes et d'armer votre esprit.

(INFORMATION APPLICATION)

Et pour cela, de même que le sport compense l'exercice physique devenu plus rare, de même vous devez pratiquer une gymnastique intellectuelle qui compense les facilités intellectuelles de la vie moderne.

(97 mots)

Solution proposée à «Madame Bovary» (p. 147)

1. Mes trois images

En lisant ce texte avec emphase, j'essaie de visualier au maximum la scène de manière à en tirer 3 images fortes qui constitueront l'ossature de ma copie.

Première image: madame Bovary. Elle est complètement subjuguée par le chanteur, qui représente pour elle une sorte d'homme idéal comme elle en a vu dans les romans (qui lui tournent la tête).

Deuxième image: le chanteur. Comme les mauvais acteurs, il ne cherche pas à mettre en valeur le personnage qu'il joue, mais au contraire, il se pousse en avant pour se faire valoir lui-même: *c'est un cabotin!*

En réalité c'est un acteur médiocre de province mais il imite (mal) sans doute quelque acteur parisien de renom auquel il cherche à s'identifier. Mais cette imitation forcée est ridicule pour quelqu'un qui a tant soit peu de goût.

Troisième image: l'auteur, Flaubert lui-même. Il «regarde» cette scène avec nous avec un mélange subtil d'objectivité et de subjectivité. Il est assez subjectif pour faire vivre ces deux personnages de l'intérieur et nous faire partager leurs passions d'une vie idéale, loin de la «médiocrité du monde». Mais il conserve en même temps assez de distance pour ironiser sur leurs malheureuses passions qui les dévorent (passion qui perdra d'ailleurs madame Bovary à la fin du roman).

2. Structuration du plan

Pour assurer la progression du raisonnement, il me faut intervertir les images 1 et 2. Mon plan suivra successivement ces 3 thèmes:

1. *Un chanteur cabotin et ridicule: Lagardy.*
2. *Une midinette fascinée: madame Bovary.*
3. *Un grand auteur: Flaubert.*

3. Rédaction détaillée

(Pour faire court, je ne la fournis pas ici.)

Bibliographie

Buzan (T.): *Une tête bien faite: exploiter vos ressources intellectuelles,* Paris, éditions d'Organisation, 1981, 150 p. Une approche profondément nouvelle du travail intellectuel qui a fait date.

Chalvin (D.): *Utiliser tout son cerveau,* Paris, ESF, 1986, 210 p. Sous forme d'un séminaire: l'exposé de la méthode des 4 cerveaux de Ned Herrmann.

Gauquelin (F.): *Développer sa mémoire: méthode Richaudeau,* Paris, Retz, 1983, 448 p. Le plus complet des manuels pédagogiques.

Guitton (J.): *Le travail intellectuel,* Paris, Aubier-Montaigne, 1951, 190 p. Un grand classique souvent cité, jamais égalé.

Lemaître (P.) et Maquere (F.): *Savoir apprendre,* Paris, Chotard, 1986, 305 p. Un manuel très complet.

Racle (G.): *La pédagogie interactive,* Paris, Retz, 1984. Une nouvelle pédagogie fondée sur la neuropsychologie.

Richaudeau (F.) et Gauquelin (M. et F.): *Lecture rapide: méthode complète,* Paris, Retz, 1983, 350 p. Un véritable cours d'autoformation.

Timbal-Duclaux (L.): *La méthode SPRI: pour organiser ses idées et bien rédiger,* Paris, Retz, 1983, 180 p.

L'écriture créative: pour trouver des idées et communiquer avec efficacité, Paris, Retz, 1985, 185 p.

Veter (F.): *Penser, apprendre, oublier,* Neuchatel-Paris, Delachaux et Niestlé, 1984. Le fonctionnement cérébral et le travail intellectuel.

Williams (L.): *Deux cerveaux pour apprendre,* Paris, éditions d'Organisation, 1986, 200 p. Manuel de neuropédagogie.

Achevé d'imprimer en janvier 1990
sur les presses de
l'Imprimerie Carlo Descamps
à Condé-sur-l'Escaut
Dépôt légal: avril 1988
N° d'imprimeur: 6244
N° d'éditeur: 421